DAS RÄTSELHAFTE ARCHIV

CHRISTOPHER TAUBER & ANJA HERRE

200
JAHRE
KOSMOS

EIN PAAR WORTE VORAB

Pioniergeist? Mut? Oder einfach glückliche Umstände?
Was hat Kosmos zu dem Verlag gemacht, der er heute ist?

Einer der wichtigsten Gründe für den Erfolg über die vergangenen zwei Jahrhunderte hinweg war die Kreativität vieler genialer Autorinnen und Autoren – und natürlich auch die Kreativität unserer Mitarbeiterinnen und Mitarbeiter. Im Buch und in der Spielware gleichermaßen, im Wort und im Bild, im Schreiben und im Erfinden, im Gestalten und im Umsetzen.

Da lag es nahe, dass wir auch bei der Erzählung unserer Unternehmensgeschichte auf den Ideenreichtum einfallsreicher Köpfe setzen.

Erdacht haben diese einzigartige Comic-Chronik Christopher Tauber und Anja Herre. Gemeinsam sind sie in unser Archiv hinabgestiegen. Immer wieder. Jeder Gang brachte neue Schätze ans Licht, reichlich Erkenntnisse und viele Überraschungen. Über die Auswahl der einzelnen Anekdoten wurde viel diskutiert, es wurde gestrichen und hinzugefügt. Nicht erst am Ende war klar, dass es zu viele erzählenswerte Schätze gibt, als dass sie alle hier hätten Platz finden können.

Ausschlaggebend waren, neben den großen Linien und Erfolgen natürlich, die Begeisterung für die schöpferischen Leistungen der letzten 200 Jahre und die Freude an außergewöhnlichen Geschichten.
Wir wünschen auch Ihnen viel Vergnügen mit dieser ganz besonderen Chronik und mit Maus Irmela in den Tiefen unseres Archivs.

Ihre
BIRGITTA BARLET & HEIKO WINDFELDER
Verlagsleiterin Buch & Verlagsleiter Spielware

Was stellen Sie sich unter KOSMOS vor?

KANN MICH GUT ERINNERN. DAS IST EIN EHEMALIGES KINO IM BEZIRK FRIEDRICHS-HAIN IN BERLIN.
NEIN, NEIN. DAS IST EIN ROMAN VON DIESEM AUTOR. DIESEM, ÄH, WITOLD GOMBROWICZ.
Café
DAS IST RUSSISCH, ODER? HEISST DAS NICHT UNIVERSUM, DAS GESAMTE WELTALL ...? SO VON WEGEN KOSMONAUTEN UND SO ...
DER KOSMOS, DAS IST DAS HAUPTWERK DES NATURFORSCHERS ALEXANDER VON HUMBOLDT. ODER?
NA KLAR WEISS ICH, WAS DAS HEISST: DAS IST DIE ABKÜRZUNG FÜR COLOCALIZATION SINGLE-MOLECULE SPECTROSCOPY, EINER METHODE DER FLUORESZENZ-MIKROSKOPIE, UM VERSCHIEDENARTIGE EINZELNE MOLEKÜLE ZU BEOBACHTEN.
ECHT? DACHTE IMMER, DAS SEI EIN DEUTSCHES DANCEFLOOR-PROJEKT.

CLASSIC CHILI VEGAN
HOT DOGS
KOSMOS IST DER TITEL POLITISCHER AMTSTRÄGER GRIECHISCH-ANTIKER STADTSTAATEN, SIEHE AUCH KOSMOI.
VERSTEHT MAN DARUNTER NICHT ALLE NATURFREUNDE?
KANN MICH NATÜRLICH AUCH TÄUSCHEN …
KOSMOS … KOSMOS … AH JA, NATUR+KOSMOS! WAR MAL SO NE ZEITSCHRIFT, ODER?
ALLES UNSINN!
DER KOSMOS IST EIN ERNSTER KÄFER-VERLAG!
KOSMOS

EINFACH GOLDIG, ODER?
Der Kosmos-Käferführer
MOMENT, MOMENT. KÄFERVERLAG? MIR SCHEINT, ICH MUSS DA MAL EINIGES KLARSTELLEN.
JA, WIESO DENN NICHT? WILLST DU ETWA BEHAUPTEN, KOSMOS SEI EIN MÄUSE-VERLAG?
ACH IWO, DAS WÄRE VIEL ZU KURZ GEGRIFFEN …
… WOBEI …
… BEVOR KELLER UND NEHMANN DIE FRANCKH'SCHE VERLAGSHANDLUNG ÜBERNAHMEN, HATTEN WIR GAR NICHT SO SCHLECHTE CHANCEN …
HÄ?

KELLER? NEHMANN? FRANZ-KE-HE? ICH DENKE, WIR REDEN VOM KOSMOS VERLAG!!
ICH DOCH AUCH … ACH, ICH SEH SCHON!
ES BEDARF EINIGER AUFKLÄRUNG. WENN SIE MIR BITTE FOLGEN MÖGEN?
WIESO? ICH KENN DICH JA KAUM.
OH, WIE UNHÖFLICH VON MIR. BEI MENSCHEN BIN ICH IMMER SEHR DIREKT.
GESTATTEN? IRMELA, KOSMAUS. EXPERTIN IN SACHEN FRANCKH'SCHE VERLAGSHANDLUNG UND ALL THINGS KOSMOS.
UND HIER …

EXIT
... IST MEIN ZUHAUSE. IM ARCHIV VON KOSMOS!

HIER NUN SIND ALL DIE BÜCHER UND SP-
SEKUNDE! ERST WILL ICH WISSEN, WIE ICH HIERHERGEKOMMEN BIN.
WIR SIND IN EINEM COMIC, DA GEHT DAS EBEN EINFACH SO.
EINMAL UMBLÄTTERN: ZACK!
JA, ABER WIESO, UND WELCHEN WEG BIN ICH GEGANGEN?
LASAGNE!
JA, MR HITCHCOCK! NATÜRLICH ÜBERNEHM ICH DEN FALL!
HERRJE, IN DIESES BUCH SOLLEN 200 JAHRE VERLAGSGESCHICHTE PASSEN, DA SPAREN WIR UNS EBEN DEN EINEN ODER ANDEREN WEG.
SAGTEST DU … ZWEIHUNDERT JAHRE?
JA, UND DAS BEDEUTET ZWEIHUNDERTTAUSEND BÜCHER … ZUMINDEST GEFÜHLT … ZUM BEISPIEL DAS HIER. KENNST DU BESTIMMT!

OHA! OLIVER TWIST! STARK. DER GRAF VON MONTE CHRISTO ... ACH!
DICKENS
DUMAS
ALLES, WAS DAS HERZ EINER LESE-RATTE ... ÄH ...
-MAUS BEGEHRT.
UND DIE HAT ALLE DIESER FRANK KOSMOS RAUSGE-BRACHT?
JA ... NEIN! ACH, WIE ERKLÄR ICH'S NUR?
WEISSTE WAS? KOMM MIT.
DARF ICH VORSTELLEN? DIE BRÜDER FRANCKH.
FRIEDRICH GOTTLOB UND JOHANN FRIEDRICH. KONDITORENSÖHNE UND GRÜNDER DER FRANCKH'SCHEN VERLAGSHAND-LUNG.
AHA! UND WELCHER IST JETZT FRIEDRICH UND WELCHER DER ... ÄH ... ANDERE FRIEDRICH?
DER EINFACHHEIT HALBER NENN MICH DOCH BITTE GOTTLOB.
UND DER KLUGE KOPF HIER HINTER DER ZEITUNG IST MEIN BRUDER FRIEDRICH.
GRÜSS GOTT.
SEHR ERFREUT.

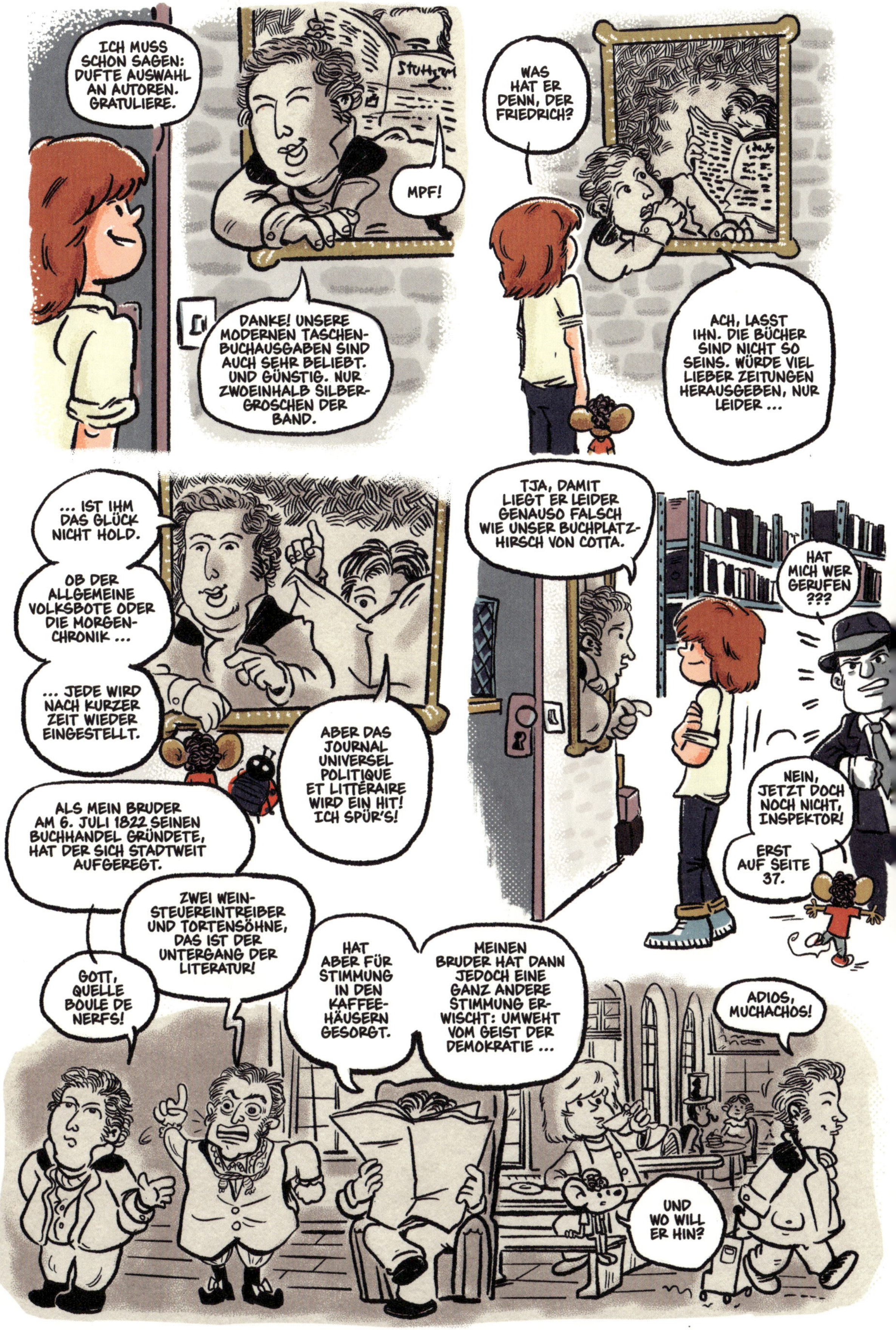
ICH MUSS SCHON SAGEN: DUFTE AUSWAHL AN AUTOREN. GRATULIERE.
Stuttgart
MPF!
DANKE! UNSERE MODERNEN TASCHENBUCHAUSGABEN SIND AUCH SEHR BELIEBT. UND GÜNSTIG. NUR ZWOEINHALB SILBERGROSCHEN DER BAND.
WAS HAT ER DENN, DER FRIEDRICH?
ACH, LASST IHN. DIE BÜCHER SIND NICHT SO SEINS. WÜRDE VIEL LIEBER ZEITUNGEN HERAUSGEBEN, NUR LEIDER …
… IST IHM DAS GLÜCK NICHT HOLD.
OB DER ALLGEMEINE VOLKSBOTE ODER DIE MORGENCHRONIK …
… JEDE WIRD NACH KURZER ZEIT WIEDER EINGESTELLT.
ABER DAS JOURNAL UNIVERSEL POLITIQUE ET LITTÉRAIRE WIRD EIN HIT! ICH SPÜR'S!
TJA, DAMIT LIEGT ER LEIDER GENAUSO FALSCH WIE UNSER BUCHPLATZHIRSCH VON COTTA.
HAT MICH WER GERUFEN ???
NEIN, JETZT DOCH NOCH NICHT, INSPEKTOR!
ERST AUF SEITE 37.
ALS MEIN BRUDER AM 6. JULI 1822 SEINEN BUCHHANDEL GRÜNDETE, HAT DER SICH STADTWEIT AUFGEREGT.
GOTT, QUELLE BOULE DE NERFS!
ZWEI WEINSTEUEREINTREIBER UND TORTENSÖHNE, DAS IST DER UNTERGANG DER LITERATUR!
HAT ABER FÜR STIMMUNG IN DEN KAFFEEHÄUSERN GESORGT.
MEINEN BRUDER HAT DANN JEDOCH EINE GANZ ANDERE STIMMUNG ERWISCHT: UMWEHT VOM GEIST DER DEMOKRATIE …
ADIOS, MUCHACHOS!
UND WO WILL ER HIN?

EIN FREIER GEIST MUSS RAUS IN DIE WELT.
FRANCKH UND FREI.
ALSO ZOG ES MICH ERST NACH FRANKREICH ...
BON JOUR
... UND DANN NACH FRANKFURT.
EI GUDE WIE?!
FRANCKHREICH, FRANCKHFURT. ICH ERKENNE EIN MUSTER.
AN BEIDEN ORTEN UMWEHTE MICH DER ODEM DER REVOLUTION.
ALORS!
UND SO PLANTE ICH MIT MEINEM KUMPEL KOSERITZ UNSERE HÖCHSTEIGENE VERSCHWÖRUNG.
UND DANN ICH SO DIE KANONEN
TJA, GING ABER SCHIEF.
UND SO LANDETE MEIN KLEINER BRUDER AUF DEM HOHENASPERG.
MIR EGAL. ICH KANN AUCH HINTER GITTERN VERLEGEN.
ERST ZU 14 JAHREN VERKNACKT, DANN AUF NEUN REDUZIERT, WURDE ER SCHLIESSLICH DOCH BEGNADIGT. WEIL DER KÖNIG GUT DRAUF WAR, WEGEN EINES JUBILÄUMS.
MÖÖP
DOCH ER BESTAND AUF DAS ABSITZEN SEINER STRAFE.
STRAFE WILL ICH, KEINE GNADE!
FÜR DAS BÜRGERGLÜCK UND FÜR DIE MENSCHENRECHTE DER FREIEN REPUBLIK
???
MAN DULDETE IHN IN DER FESTUNG QUASI ALS FREIWILLIGEN GAST.
ER GENOSS EINIGE VORZÜGE, ZUM BEISPIEL FREIEN AUSGANG ...
UND SO KAM ES, ALS IHN EINES TAGES FREUNDE ZUM GEMEINSAMEN PICHELN JENSEITS DER ZELLE EINLUDEN ...

... DASS DIE FINDIGEN FREUNDE DAS GELAGE DERART LANGE HINAUSZÖGERTEN UND UNSER EHREN-DELINQUENT SOMIT BEI SEINER NÄCHTLICHEN RÜCKKEHR VOM FESTE DIE FESTUNG ...
SCHALALALA
FESTUNG
FESTE
... FEST VERRAMMELT VORFAND.
DAS GIBT'S DOCH NICHT! LASST MICH WIEDER REIN! STRAFE MUSS SEIN!
BUMM
GESCHÄFTS-ZEITEN
BUMM
IST JETZT ENDLICH RUHE DA UNTEN?
UNERHÖRT.
WO SIND WIR DENN HIER?!
WIR MÜSSEN ALLE MORGEN FRÜH RAUS!!!
DIE KÖNIGLICH VERORDNETE ... ÄH ... RÄUMLICHE BESCHRÄNKUNG HAT DEN FRANCKHS ABER NICHT WIRKLICH GESCHADET.
ZUMAL KNAST-BRUDER FRANCKH JA AUCH IN SEINER ZELLE DAS VERLE-GEN NICHT LASSEN KONNTE.
ZIEMLICH GANGSTA VON IHM.
MACH ICH HALT IN DER FREIHEIT WEITER. WAS SOLL'S?
DER LADEN DER BÜCHER-BRÜDER LIEF JA AUCH ECHT PRIMA. NICHT NUR DANK DER ERSCHWINGLICHEN TASCHEN-HEFTCHEN.

DAMALS EIN RIESENDING, LITERATUR AUS ALLER WELT. UND DIE FRANCKHS HABEN ZUHAUF RAUSGEBRACHT, WAS HEUTE NOCH RANG UND NAMEN HAT.
Sie betreten das belletristische Ausland
HIER: ALEXANDRE DUMAS! DIE DREI MUSKETIERE, DER GRAF UND SO WEITER!
DIE BÜCHER WAREN SCHICKER AUFGEMACHT ALS DIE TASCHENHEFTCHEN UND MIT 15.000 SUBSKRIPTIONEN SCHON GANZ WEIT VORNE …
… ELIOT, SAND, MANZONI …
… UND, ICH ZITIERE: „IMMER NOCH BILLIGER ALS DIE GEBÜHR EINER LEIHBIBLIOTHEK". MARKETING 1840.
… BEECHER STOWE … STEVENSON UND SEINE SCHATZINSEL … UND HIER, DER ABSOLUTE ABRÄUMER SEINERZEIT:
WALTER SCOTT, BABY! DREI MILLIONEN BÄNDCHEN IN DREI JAHREN! DA ROLLT DER SILBERGROSCHEN.
UND MIR BRUMMT DER KOPF … ICH BRAUCH JETZT SCHON URLAUB!

DER VERLAG IST DEM FERNWEH ÜBRIGENS ALL DIE JAHRE TREU GEBLIEBEN ...
WER DENKT, GOODBYE DEUTSCHLAND, KULTURSCHOCK UND ABENTEUER AUSWANDERN GIBT'S ERST SEIT EIN PAAR JAHREN UND BLOSS IM FERNSEHEN, DEM SEI LOUISE WEIL MIT IHREN GESCHICHTEN VOM AUSWANDERN ÜBER DEN GROSSEN TEICH ANS HERZ GELEGT. #1865!
Amerikanische Lebensbilder
oder
Erlebnisse
deutscher Auswanderer
in Amerika.
Geschildert
von
Louise Weil.
Stuttgart.
Franckh'sche Verlagshandlung.
1865.
Durch die weite Welt
Jahrbuch für Natur- Sport und Technik
FRANCKH'SCHE VERLAGSHANDLUNG · STUTTGART
DURCH DIE WEITE WELT. ERST WAR'S EIN BEIBLATT FÜR DIE JUGEND, GENANNT „DIE MUSSESTUNDEN", SPÄTER „EIN BUCH FÜR JEDEN JUNGEN", SPÄTER DANN „DAS GROSSE BUCH FÜR JUNGE MENSCHEN". UMWELT, TECHNIK, BASTELN, ALLGEMEINWISSEN – ALL INCLUSIVE.

JA, MIT KOSMOS KOMMST DU NICHT NUR DURCH DIE WEITE WELT, SONDERN SOGAR BIS INS LAND ARKADIA, WO DIE EINHÖRNER WOHNEN! (TIPP: EVTL. HELM MITNEHMEN, EINHÖRNER FLIEGEN SCHON ZIEMLICH HOCH.) DA STEHST DU DANN ABER HALT AUCH IN DER VERANTWORTUNG, DIE EINHORNGEHEIMNISSE HÜTEN ZU MÜSSEN. ABER IRGENDWAS IS JA IMMER.

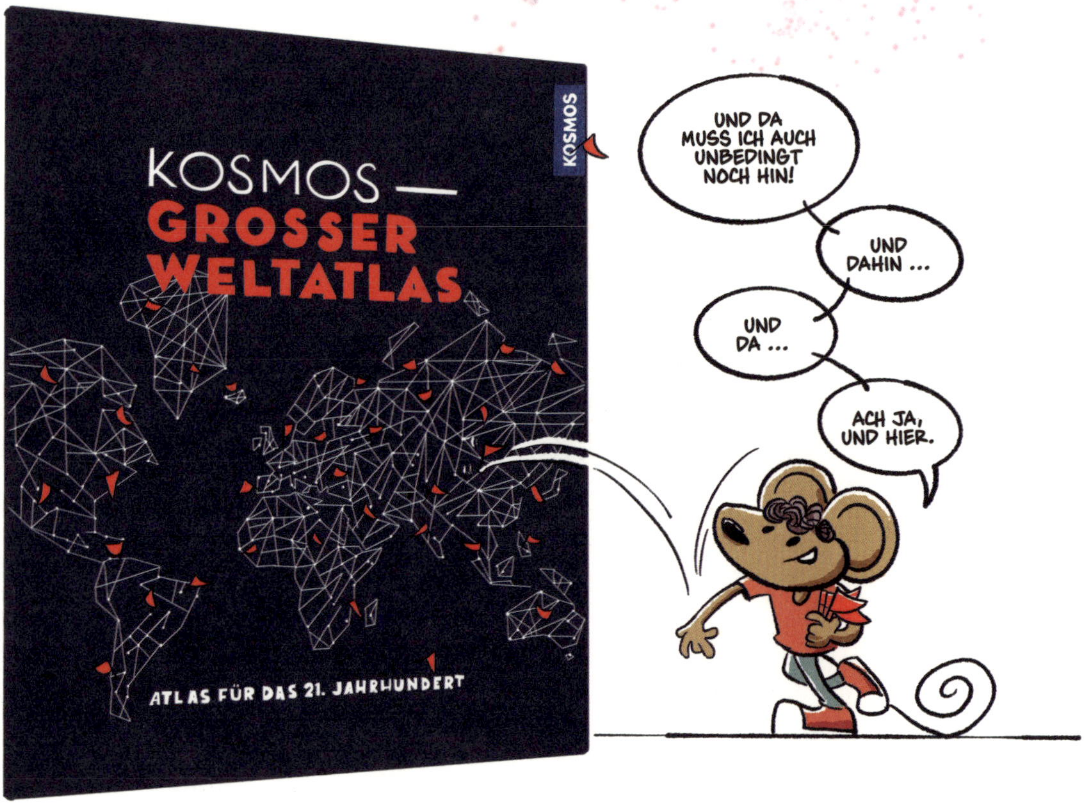

DIE VERLAGSEXPERTIN SCHWEIFT WOHL GERNE MAL AB, ANSTATT BEI DER SACHE ZU BLEIBEN.
ÄH, WIE BITTE?
W
ICH MEINE: WAIBLINGER? KLINGT NICHT GERADE NACH FERN VOM STUTTGARTER KESSEL?!
ODER SPRECH ICH DAS BLOSS FALSCH AUS ... VIELLEICHT FRANZÖSISCH?
Waiblingché L'edition française
AH, DU HAST DIE WILDEN SCHWABEN ENTDECKT!
UND GLEICH DEN ERSTEN, DEN FRANCKH VERLEGTE: DEN WILDEN FRIEDRICH WILHELM WAIBLINGER.
PHAETON, SEIN ERSTLING. HAT DER BUB MIT ZARTEN 19 JAHREN GESCHRIEBEN.
DIE FRANCKHS HABEN SICH ZWAR WAS GETRAUT, ABER KLAMM WAR IHNEN DANN DOCH, EINEN TOTALEN NOBODY RAUSZUBRINGEN.
UNSER SOUNDING BOARD SCHLÄGT VOR, DAS BUCH UNTER EINEM ALIAS RAUSZUBRINGEN.
NUR ÜBER MEINE LEICHE!
Marketing Plan 1823
Göte's MONTY PHÆTON JETZT MIT BAUCHBINDE

TEMPERAMENTVOLL, WIE ER AUCH SCHRIEB, KONNTE SICH DER JUNGE LITERAT DURCHSETZEN. JEDOCH ...
DIE RED.
SIND SCHON DIE ZAHLEN VOM „PHÄTON“ REINGEKOMMEN?
STUTTGARTER BLÄTTLE
JEP. ZIEMLICHER LADENHÜTER UND DIE KRITIKEN SIND AUCH NICHT BESSER ...
Der Umschlag glänzt nicht und die Lieferung hat länger als einen Tag gedauert. Deshalb nur 1 Stern.
Fünf von fünf Sternen!! Wen dieses Buch nicht des Schlafes beraubt in seiner schwelgerischen Poesie, der hat die menschliche Natur zutiefst in keiner Weise begriffen.
P.S. hier sind ja eh alle blöd. – ICH
Bilder sint hahlt keine drin, daß war ein Bischen schade. Apgesehn dafon hab ich mich romahntisch prickelnd unterhalten gefült. 3 von 5 sternen
- WERTHER FAN 21
SORRY, WILHELM. ABER WENN SICH'S NICHT VERKAUFT, IST'S NICHTS FÜR UNS.
2 VON 5 STERNEN
LIEBE REDAKTION, KOMMAFEHLER, ZWEI STÜCK. ZU WELCHEM MOLOCH IST DIE DIESSEITIGE WELT NUR GERATEN!
AUCH GUT! GEBE ICH MICH HALT STATTDESSEN AUSSCHWEIFUNGEN HIN, DIE ICH IN MEINE ZU LEBZEITEN VERPÖNTEN WERKE EINFLIESSEN LASSE. ITALIEN SOLL SCHÖN SEIN UM DIESE JAHRESZEIT.

WILDE TYPEN, DIESE JUNGEN WILDEN.
BISSERL ZU WILD, WENN IHR MICH FRAGT. DEM MÖRIKE HABEN WIR JA AUCH VERSUCHT, EIN VERLAGSDACH ZU GEBEN, ABER ...
ÜBERSETZEN THU ICH NICHT, UND WENN DU MICH AUF DEN ROST LEGST!
HERRJE, ICH WOLLTE DOCH NUR, DASS ER EIN PAAR ARTIKEL FÜR MEINE DAMEN-ZEITUNG VERFASST.
UND NOVELLEN SCHREIBEN, D.H. FÜR DEN BUCH-HANDEL, AUCH NICHT. SO!
IS JA GUT! DANN WERD HALT PFARRER UND SELIG.
HEX! HEX!
KREATIVE SIND WOHL AUCH NICHT DIE EINFACHSTEN.
ABER DABEI WENIGSTENS UNTERHALTSAM. ZIEH DIR MAL DIESEN EIN-MANN-SHITSTORM REIN, DEN WILHELM HAUFF ÜBER GOTTLOB HAT PRASSELN LASSEN.
... ERLAUBE ICH MIR, IHNEN EINIGERMASSEN MEINE MEINUNG ZU SAGEN. ICH BIN NÄMLICH ÜBERZEUGT, DASS SIE VON EINEM MENSCHEN, DER ES GUT MIT IHNEN MEINT, GERNE LEHREN ANNEHMEN.

ICH KANN IHNEN VERSICHERN, ICH BIN IN IHRER SEELE ERRÖTET! FÜR WAS HALTEN SIE MICH? FÜR WAS SICH SELBST? VIELLEICHT FÜR EINEN KNABEN, DEN MAN BENÜTZEN UND BEHANDELN KANN, WIE MAN WILL, GEGEN DEN MAN UNVERSCHÄMT UNGEZOGEN SEIN DARF?
IHRE UNGEZOGENHEIT HAB ICH IM GEFÜHL MEINER WÜRDE ERTRAGEN! EINEN BUCHHÄNDLER NENNEN SIE SICH? ICH WOLLTE MIR GEFALLEN LASSEN, DASS SIE SO GRENZENLOS NACHLÄSSIG HANDELTEN, WENN SIE MIT EINEM SCHRIFTSTELLER ZU TUN HÄTTEN, DER IHNEN SCHLECHTE WARE GELIEFERT HÄTTE.
SIE KÖNNEN ERSEHEN, DASS SIE SICH GEGEN MICH DURCHAUS - ICH WILL ES MIT DEM MILDESTEN WORT NENNEN - UNGEZOGEN BETRAGEN HABEN; UND DASS, WENN IHNEN DARAN LIEGT, MIT MIR FERNE IN LITERARISCHER VERBINDUNG ZU LEBEN, IHR BETRAGEN GEGEN MICH GANZ ANDERS SEIN MUSS.
OFFENHEIT IST IN SOLCHEN FÄLLEN NÖTIG, UND WENN SIE ZU NICHTS NÜTZT, ALS DASS SIE, WENN SIE WIEDER MIT EINEM SCHRIFTSTELLER ZUSAMMENTREFFEN SOLLTEN, DER SO GEWISSENHAFT GEGEN SIE HANDELT WIE ICH, IHM MEHR DELIKATESSE, MEHR ARTIGKEIT, MEHR WORTHALTEN ZEIGEN ALS MIR!
... UND ALS VERLEGER BRAUCHT MAN ANSCHEINEND EIN DICKES FELL.
EINE DEPESCHE?

MACHEN WIRS AUF?
BIST DU JECK? WIR WAHREN SELBSTVERSTÄNDLICH DAS BRIEFGEHEIMNIS.
HERR FRANCKH?
GOTTLOOOOB!
Franckh'sche Verlagshandlung
POST VON HAUFF.
SO?
Franckh'sche Verlagshandlung
ICH DACHTE, DIE HÄTTEN SICH LÄNGST ÜBERWORFEN? SCHREIBT HAUFF NICHT INZWISCHEN FÜR COTTA?
JA, JA, JA UND JA!
IRGENDWIE BLIEBEN SIE ABER DENNOCH FREUNDE. HAUFF HAT WEITERHIN ALLE BÜCHER ÜBER DIE FRANCKH'SCHE VERLAGSHANDLUNG BEZOGEN.
Verlagshandlung
UND DIESEN BRIEF SCHRIEB HAUFF KURZ VOR SEINEM TOD AN DEN GUTEN GOTTLOB.

Mein lieber Herr Franckh,

Sie werden sich bey Anblick dieser hölzernen Bequemlichkeit und ledernen Ruhestätte vielleicht unwillkürlich eines Gesprächs erinern, worinn ich Ihnen unter andern sagte, daß Ihnen nichts mehr abgehe, als eine gewiße anständige und solide Ruhe, eine behagliche und von Hast und Eile ungetrübte Beschäftigung mit Ihrem nüzlichen Beruf. Als Unterlage zu einem solchen ruhigen und beschaulichen Leben müßte, denk' ich, ein Lehnstuhl ganz unumgänglich nothwendig seyn, und wenn ich es bin, der Ihnen einen solchen hinstellt und ruft: „Siz' drauf!", so spiele ich nur den ~~Arzt~~ der Ihnen einige Gravität verordnet.

Dieser Seßel wird nach und nach Ihr liebstes Meuble werden, denn unter Allen nimmt er den meisten Antheil an Ihrem Dichten und Trachten, ist er doch gleichsam das Nest, in welchem Sie Ihre Riesenkinder, die Künste und Pläne ausbrüten. Aber eben dazu ist ein solches Brutnest beßer als ein gewöhnlicher Stuhl, weil man schon a posterior darauf geführt wird, eine Sache reiflicher, mit mehr Ruhe zu überlegen, von allen Seiten zu betrachten und zu erwägen.

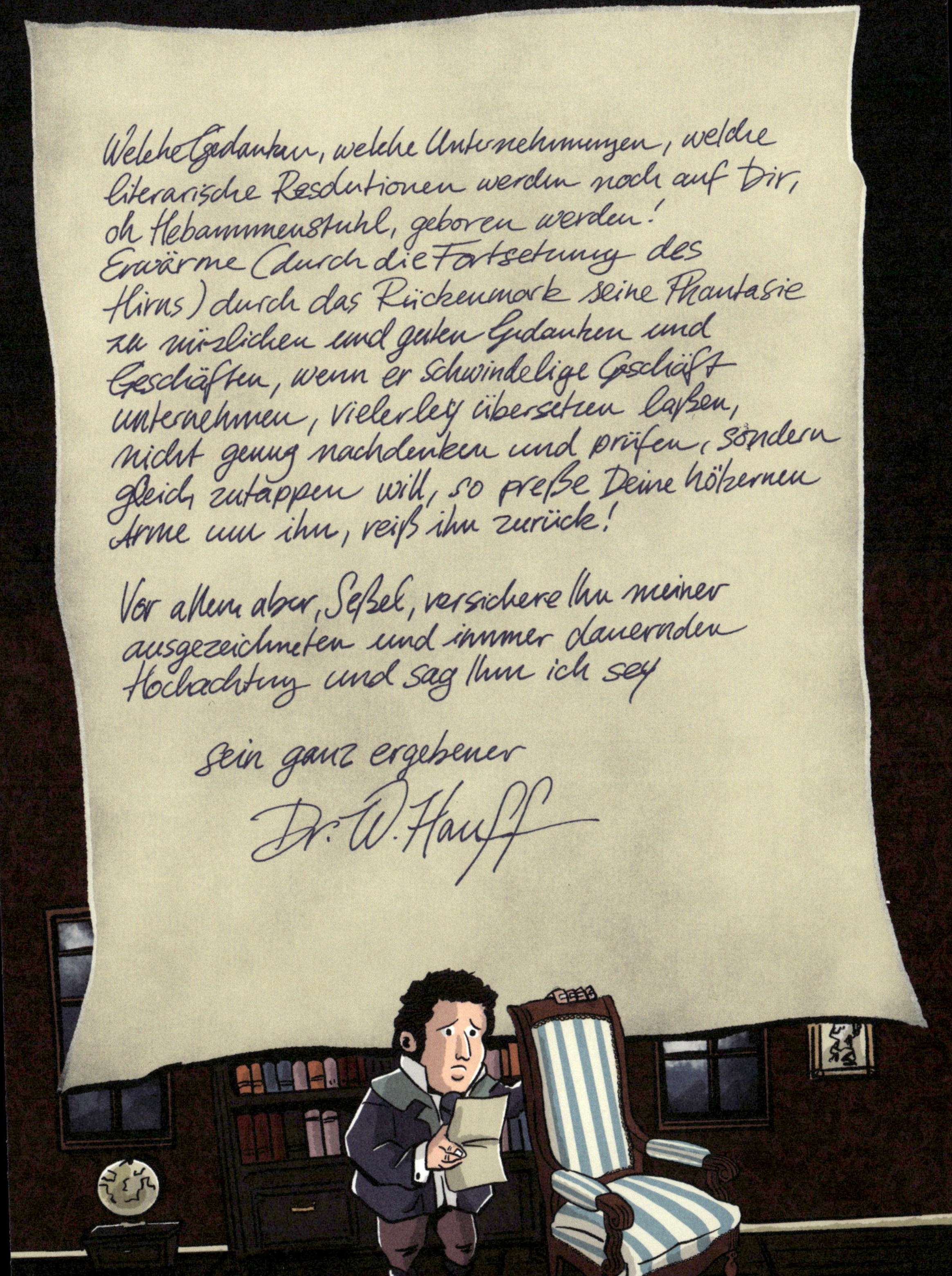
Welche Gedanken, welche Unternehmungen, welche literarische Resolutionen werden noch auf Dir, oh Hebammenstuhl, geboren werden! Erwärme (durch die Fortsetzung des Hirns) durch das Rückenmark seine Phantasie zu nützlichen und guten Gedanken und Geschäften, wenn er schwindelige Geschäft unternehmen, vielerley übersetzen laßen, nicht genug nachdenken und prüfen, sondern gleich zutappen will, so preße Deine hölzernen Arme um ihn, reiß ihn zurück!

Vor allem aber, Seßel, versichere Ihn meiner ausgezeichneten und immer dauernden Hochachtung und sag Ihm ich sey

sein ganz ergebener

Dr. W. Hauff

*Hier offensichtlich nicht 24-jährig

WAS UNS ZU EINEM DUNKLEN KAPITEL DER VERLAGS-GESCHICHTE FÜHRT ... UND ES WIRD NICHT DAS LETZTE SEIN. DENN EIGENTLICH WAREN DIE RÄUMLICHKEITEN DES VERLAGS NACH DEM TOD DER FRANCKH-BRÜDER UND EINEM ERFOLGSARMEN INTERMEZZO UNTER LEINS UND CONRADI FEST IN DER HAND EINER EMSIGEN RATTEN- UND MÄUSE-BELEGSCHAFT.
Franckh'sche Verlagshandlung
Stuttgart
Franckh'sche Verlagshandlung
W. Keller & Co.
Stuttgart
VON WEGEN „GESELLSCHAFT DER NATURFREUNDE". DASS ICH NICHT LACHE! DAS REINSTE MAUSOLEUM!
DABEI HABEN DIE SICHERLICH NOCH NICHT MAL DEN JAGDSCHEIN BESESSEN, GESCHWEIGE DENN AUCH NUR EINS DER SPÄTEREN BÜCHER ZUM THEMA AUS IHREM EIGENEN VERLAG GELESEN.*
GESELLSCHAFT DER NATURFREUNDE? KLINGT MEHR NACH VEREIN ALS NACH VERLAG ...
BEIDES, ABER AN DIESER STELLE IST WICHTIG ZU WISSEN, DASS DER MENSCH UM DIE JAHRHUNDERTWENDE MAL WIEDER MEINT, DIE NATUR FÜR SICH ZU ENTDECKEN.
Belauschte Natur
kosmos
KOSMOPHON
Röhrende Hirsche - Rotwild in der Brunft
SCHLAUMEYER ERKLÄRT
*BESAGTE JAGDLITERATUR AUS DEM HAUSE KOSMOS GILT BEI FREUNDEN DES WAIDWERKS ALS VERLÄSSLICHE WISSENSQUELLE.
VON DER VORBEREITUNG AUF DEN JAGDSCHEIN ÜBERS FÄHRTENLESEBUCH BIS HIN ZUM JAGD-KRIMI IST ALLES ZU FINDEN.
DEMNÄCHST VIELLEICHT SOGAR MIT ADVENTURE GAMES FÜR ROTWILD UND SAUEN. MAL EINE GANZ ANDERE „ZIEL"-GRUPPE ... MEINEN SIE NICHT?

DER FREIE KÖRPER WIRD ZELEBRIERT, EBENSO DIE LIEBE ZU ALLEM BOTANISCHEN. WIE HIER BILDLICH SEHR GUT DARGESTELLT.
DIE NEUEN „FRANCKHS" HABEN DEN TREND ERKANNT UND BEDIENT.
Welcher Baum— ist das?
Baumwelten
ZUM GLÜCK GIBT'S BÜCHER. 'NE APP DECKTE DA WENIGER GUT AB.
EBENSO WIE DIE VERLAGSGRÜNDER WAR AUCH KELLER EIN MARKETINGFUCHS. DIE BERÜHMTE BAUCHBINDE – DIE ES HEUTE NOCH GIBT! – IST ZUM BEISPIEL AUF SEINEM MIST GEWACHSEN.
APROPOS GEWACHSEN – AUTSCH! WAS'N DAS HIER? WIRD DAS WAS – ODER KANN DAS WEG? WER LÄSST DENN DIESEN SCHÖNEN GARTEN SO VERKOMMEN?
WAS SOLL'N DAS HEISSEN? IMMER DIESER LEISTUNGSDRUCK, VOLL AUTORITÄR! ERNTE, ERNTE, ERNTE ...
BLÜH DIES, BLÜH DAS! UND IM HERBST WIEDER ALLES ABSCHÜTTELN. NEE, NEE, NEE – WAS EIN STRESS. UND WOFÜR ÜBERHAUPT?
KANN ICH DAS ESSEN ODER BRINGT MICH DAS UM?
WIE DEM AUCH SEI ...

... ICH FRAGTE JA AUF SEITE 28 SCHON ...
KOSMOS
JAJAJA. DU WILLST ZUM KOSMOS? KOMM MIT!
WIE GESAGT: NATURWISSENSCHAFT. DER HEISSE SCHEISS UM DIE JAHRHUNDERTWENDE.
DIE LEUTE HATTEN EINFACH BOCK, DIE WELT ZU KAPIEREN. WISSEN IST MACHT, DARLING.
UND WÄHREND FRANCKH UND FRANCKH EHER POLITISCHE UND LITERARISCHE BILDUNG FÖRDERN WOLLTEN ...
JAHRGANG 1951
JAHRGANG 1959
... HABEN DIE HERREN KELLER UND NEHMANN - ÄCHZ - HILFSTE EINER MAUS VIELLEICHT MAL, MENSCH?
JAHRGANG 1954
JAHRGANG 1955
JAHRGANG 1956
HOCKETSE 1984
... MAL EBEN EINE ZEITSCHRIFT FÜR NATURWISSENSCHAFTLICHE THEMEN RAUSGEHAU-AU-AU-WEH!!!
HUCH!

SIEHSTE? ALLES DRIN IN DIESEM MAGAZIN. VON MIKROSKOPIE ÜBER PHYSIKALISCHE EXPERIMENTE ...
... ASTRONOMIE, NATUR, DIE GANZE PALETTE!
UND BRAUCHSTE KEINEN HOCHSCHULABSCHLUSS IN HOCHENERGIEPHYSIK, SCHÄTZCHEN. DIE HABEN DIE DINGE SO ERKLÄRT, DASS ALLE ES GESCHNALLT HABEN.
WAR EBEN EN VOGUE, DA HATTEN DIE HERREN 'NEN GIGANTISCH GUTEN RIECHER ... SCHON ANNO 1903!
DANACH WAREN DIE ZAHLEN NICHT SCHWARZ, SONDERN GRÜN, MEIN LIEBER SCHOLLI!
KANN ICH NUR BESTÄTIGEN.
KONTROLING
ZWEIHUNDERTTAUSEND ABOS BINNEN WENIGER JAHRE.
SO. UND NUN DARFSTE RATEN, WIE DIE ZEITSCHRIFT WOHL HIESS.
!
ÄHM. KÄFER?
KÄFER
GENA-WAS? **QUATSCH!**

KOSMOS
HEFT 3/1959 · FRANCKH'SCHE VERLAGSHANDLUNG · POSTVERL

KOSMOS
HEFT 7/1949 · FRANCKH'SCHE VERLAGSHANDLUNG · POSTVERLAGSORT STUTTGART
KOSMOS
HEFT 5/1953 · FRANCKH'SCHE VERLAGSHANDLUNG · POSTVERLAGSORT STUTTGART
Heft 5/1982
E 21142 E
kosmos
Pflanzenkunde
Die größte Blüte der Welt
Biologie
Rechts und links – wieso eigentlich?
Medizin
Bluthochdruck – heimliche Gefahr
Natur beobachtet
Marienkäfer bringen Glück
Chemie des Alltags
Waschmittel
Umweltforschung
Gefahr durch Kohlendioxid
kosmos
Der Mensch der Zukunft
Korallen – Blumen des Meeres · Tod und Wiederbelebung
Wie weit ist die Sonne entfernt?
1927 (24. Jahrgang)
Heft 4 (April)
Kosmos
Handweiser für Naturfreunde
Menschenhaie verfolgen ein Dampfschiff
Kosmos, Gesellschaft der Naturfreunde
Franckh'sche Verlagshandlung / Stuttgart
E 21142 E
kosmos 7/71
Bild unserer Welt
Juli 1971
Einzelheft DM 1,80
JAHA!
DAS IST WAHRE
VERLAGSKUNST.

NA KLAR! WAS FÜR EINE GENIALE IDEE, SICH EINFACH BEI MUTTER NATUR ZU BEDIENEN. DIE IST SCHLIESSLICH DIE BESTE KÜNSTLERIN, WO GIBT.
GALERIE FRANCKH
KOSMOS
DEEP, SPATZELCHEN.
NA DENN: PROST! AUF KOSMOS! ALLES GUTE ZUM …
MJAM!
SCHAMPI
STOP
ÄH … MOMENDEMAL! JETZT DOCH NOCH NICHT.
WIESO? JETZT HABEN SIE DOCH DEN VERLAG KOSMOS GENANNT.
SCHAMPI
NEE, ERST MAL NUR DIE ZEITSCHRIFT.
ABER SIE HABEN DOCH JETZT NUR NOCH NATURBÜCHER …
AUCH NEIN!
JA, WIE? JA, WAS? WAS DENN SONST?
MANCHMAL HILFT EIN BILD MEHR ALS ZWANZIG WORTE. NA, WAS FÄLLT DIR BEI DIESEM KOLLEGEN HIER SPONTAN EIN?
KLARER FALL: PAPAGEI. VOGEL. TIER. NATUR. SAG ICH DOCH: NATURBÜCHER.
VIELLEICHT DAS COVER VON „WER TREIBT DENN DA DIE NACHBARN IN DEN WAHNSINN?" …

- ANZEIGE -

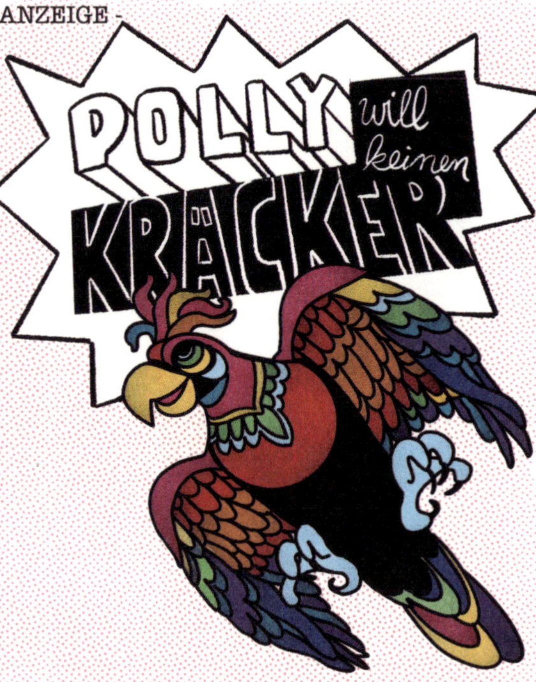

PAPAGEIISCH FÜR ANFÄNGER

Genug von den immer gleichen Sätzen. die Sie ihrem Papageien beibringen können? Drehen Sie den Spieß doch einmal um und lauschen dem, was Ihr gefiederter Hausgenosse Ihnen mitzuteilen hat.

Der Papagei, das federgewordene Äquivalent zum Schlagzeug, das man dem Patenkind zum sechsten Geburtstag schenkt. Aber was werden Ihre Nachbarn sagen?

Mehr zum Verständnis von Schall und Dämmung in der nächsten Ausgabe des

NACHBARSCHAFTS KOSMOS

SCHLAUMEYER PRÄSENTIERT

PAPAGEIENBESITZERIN DES MONATS: MARIANNE GOLTE-BECHTLE

Die fest angestellte Verlagsillustratorin stellt eine ebenfalls vom Aussterben bedrohte Art dar. Rund 900 Illustrationen im Klassiker „Was blüht denn da?" stammen allein von ihr. In die Abbildung der Schriftflechte im Kosmos Pflanzenführer schmuggelte sie ihre Inschrift – erst nach acht Jahren wurde dies durch einen Leser entdeckt.
Und mal ehrlich: Wer würde sich am Arbeitsplatz nicht auch einen Papagei halten wollen?

NA? DA BISTE PLATT, WAS? KOSMOS KANN ICH HALT ...
UND MEINEN SCHÖNEN FLOW UNTERBRECHEN KANNST DU AUCH. DER PAPAGEI WAR DOCH EIGENTLICH EIN HINWEIS AUF:
DIE DREI ??? ... DUBI-DUBI-DUDU ... DIE DREI ??? ...
AH, NA KLAR! DIE KENNT DOCH JEDER: JUSTUS, PETER UND HARTMUT!
ROBERT!
VON MIR AUS.
ERFUNDEN VOM ALTMEISTER DES THRILLS, ALFRED HITCHCOCK. YES, SIR.
MÖOOP
LEIDER FALSCH, WERTE KANDIDATIN.
ICH WEISS ES! ICH WEISS ES!
DREI ???
FÜR EIN HALLELUJAH
WAS WEISST DENN DU
100
0

HITCHCOCK HAT DER REIHE LEDIGLICH SEINEN NAMEN GELIEHEN. STICHWORT MARKETING. DER ERFINDER DER DREI SPÜRSCHNUTEN UND DIESER MAGISCHEN KLEINSTADT HIER –
KASI
100
15 MEILEN VON L.A. ENTFERNT, MIT ZWEI EIGENEN ZEITUNGEN (ROCKY BEACH TODAY UND CALIFORNIA NEWS), EIGENEM OPERNHAUS UND STADTTHEATER, ART GALLERY HALL, PALISADES PARK UND NATÜRLICH DEM BERÜHMTEN SCHROTTPLATZ, DER EIGENTLICH EIN GEBRAUCHTWARENCENTER IST – HEISST:
Greetings from
ROCKY BEACH
California
KASI
ROBERT ARTHUR! 1968 ERST MALS ERSCHIENEN BEI FRANCKH ...
FRANCKH?! WO KOMMEN DIE DENN JETZT WIEDER HER, ICH ... ???
HITCHCOCK LIESS ES SICH NICHT NEHMEN, SELBST IN DER REIHE AUFZUTRETEN, UND JA, REISTE AUCH ZURÜCK NACH DEUTSCHLAND, WO ER BEREITS IM JAHRE 1924 GEARBEITET UND MURNAU BEIM FILM „DER LETZTE MANN" ...
STOPPP!
KASI
JA, GENAU: MANN, MANN, MANN! VIER VERLAGSINHABER, DREI JUGENDDETEKTIVE, DIE MITTLERWEILE IM RENTENALTER SEIN MÜSSTEN, UND EIN HAUFEN SCHREIBENDE HERRSCHAFTEN. UNS IST HIER UNTEN NOCH FAST KEINE EINZIGE FRAU BEGEGNET. ÄTZEND!
KLIK
JA UND NEIN! DU HAST NÄMLICH EIN WICHTIGES DETAIL ÜBERSEHEN.
HIER, ALS ICH DIR DIE PAPAGEIEN-ZEICHNUNGEN GEZEIGT HABE.
NEIN, GUCK GENAU HIN.
ACH SO, DANN IST DAS EINE PAPAGEI-IN. UND DU DENKST, MIT DIESEM TRICK ERREICHEN WIR DIE QUOTE? IST JA ...
NA? WAS GLAUBST DU, VERBIRGT SICH HINTER DIESEM ZEICHEN?

FANS DER SERIE HABEN ES NATÜRLICH LÄNGST ERKANNT: DAS BERÜHMTE MONOGRAMM KANN NUR IHR GEHÖREN: DIE AIGA. DIE RASCH.
DIE FURCHTLOSE KÜNSTLERIN WOLLTE EIGENTLICH AUTORIN WERDEN. ABER DAS TALENT ZUR ILLUSTRETTE WURDE IHR VON IHRER MUTTER, EBENFALLS ZEICHNERIN UND UNTER ANDEREM IM DIENSTE VON FRANCKH, MITSAMT PINSELN UND FILZERN IN DIE WIEGE GELEGT.
1962 ERLEDIGT AGENTIN RASCH (SIE KONNTE AUCH KUNG-FU) DIE ERSTEN FREIEN AUFTRÄGE FÜR KOS- ÄH, VERZEIHUNG – FRANCKH.

AIGA RASCH
1969 SCHLÄGT DANN IHRE GROSSE STUNDE. BEI DER ABGABE EINIGER ENTWÜRFE IM LEKTORAT FÄLLT IHR EIN NEUER TITEL INS AUGE:
ALFRED HITCHCOCK
Die drei??? und das Gespensterschloss
MMMMH... VIELLEICHT LIEGT'S AM UMSCHLAG?
KOSMOS
KRIMIS, WAS? UND, WIE KOMMEN DIE SO AN?
BESCHEIDEN.
BRILLANTE IDEEN
AIGA FÄNGT FEUER, WILL EIN NEUES DESIGN VORSCHLAGEN.
DAS IST EINE JUNGSREIHE. VON EINER FRAU ILLUSTRIERT?
FRAUEN KÖNNEN ALLES. IN DIESEM FALLE AUCH AUF IHR HONORAR VERZICHTEN, WENN DER SCHUSS NACH HINTEN LOSGEHT. WAS HABT IHR ZU VERLIEREN, JUNGS?
DAS ZAUBERWORT MIT U (UMSONST) ÜBERZEUGT JEDEN SCHWABEN UND SO PRÄSENTIERT AIGA IHRE VISION ...
?
??
KRIMI
SPANNUNG
VISITEN-KARTE
HITCHCOCK
TELEFON-
LAWINE

SCH-
SCHWARZ …
???
SCHWARZ!
SCHWARZ …
Alfred Hitchcock Die drei ??? und der Fluch des Rubins
FRANCKH
JAWOLL. SCHWARZ. SO WIE DIE ZAHLEN, DIE DIE REIHE FORTAN SCHRIEB. AIGAS GENIE WURDE VOM PUBLIKUM ERKANNT UND AB DA GING'S AB.

AIGA ÜBERNAHM JEDEN FALL - AM ENDE MEHR ALS 100. THE REST IS HERSTORY. KLAR?
YEAH! AIGA RULES!
12
3

DU SAGST ES! ABER NICHT NUR SIE. KRIMIS GENERELL UND VOR ALLEM FÜR KINDER WAREN SOMIT ETABLIERT. SOGAR VEREINS- BZW. CLUBMÄSSIG.
KOSMOS KRIMI CLUB
???
HO, HO, HO ...
Kennwort: Krimi-Klub
Mystery Man: Schätze und Schurken
Scott Corbett
KENNT IHR DEN? TREFFEN SICH EIN DYNAMO, EIN KONDENSATOR UND EIN OSZILLOGRAF ...
DER KRIMI-CLUB ZÄHLTE ÜBER 3.600 MITGLIEDER ...
PSSSCHT!
STÖHN! ICH GLAUB ICH WECHSEL ZU GLEICHSTROM!
WAS DENN?
DA REDET DOCH JEMAND! HÖRST DU DAS NICHT?
ABER ZU SEHEN IST NIEMAND!
EIN AUSSERORDENTLICH SPEZIALGELAGERTER SONDERFALL VON AKUSTIK MINUS OPTIK?
DEINE POINTEN KOMMEN EBEN ALLE MIT DEM HOLZHAMMER, TECHNIKUS.
SOZUSAGEN ...

AHA! EIN NAME! TECHNIKUS! ABER ... WO IST ...
HE! HALLO! HIER UNTEN.
WIE? WAS? OH!
MEINE GÜTE, BIST DU WIEDER GELADEN. IST DOCH LÖTZINN!
DAS WÜRDE DIR GEFALLEN, DU LUX!

ICH GLAUB, ICH HÖR NICHT RECHT! JETZ MACHMA HIER KEINE WELLE!
LEUTE, IHR PROJIZIERT ECHT PERMANENT. BISSCHEN REFLEKTIEREN WÄRE ANGEBRACHT.
MAL LANGSAM, FREUNDE. WIRD SCHON KEINER GRÜNSPAN ANSETZEN.
Salzsäure
Natronlauge

DARF ICH VORSTELLEN? DIE EXPERIMENTIER-WÜTIGEN. ALS DA WÄREN:
JETZT HAB ICH DEN ÜBERBLICK VERLOREN. WO LAG EBEN NOCH UNSER FOKUS?
WECHSEL JETZT NICHT DEN SENDER, KLAR?
DAS PROBLEM WAR DOCH ELEMENTAR …
TYPISCH, JETZT POLARISIERT IHR WIEDER.
IHR HABT DOCH ALLE 'NE SCHRAUBE LOCKER.
OPTIKUS
RADIOMANN
ALL-CHEMIST
ELEKTRO-MANN
TECHNIKUS
NA, HÜBSCH ANZUSEHEN SIND SIE JA, ABER AUCH SEHR MIT SICH SELBST BESCHÄFTIGT.
TJA, DIE KÄSTEN, DIE ICH SCHIEF … ÄH … SCHUF.
ABER UNABDINGBAR, DIESES VERTIEFEN IN DIE MATERIE, WENN DER DRANG ZUM FORSCHEN SICH MELDET.
NERD.
BITTE?
ÄH, BITTE, WENN ICH VORSTELLEN DARF:
WILHELM FRÖHLICH, JAHRGANG 1892, STERNZEICHEN SKORPION UND ANMELDER VON PATENT 5714 11.
IN DER TAT.
AHA.
UND? DAS HEISST …?
NA, ER HAT DIE TYPEN ERFUNDEN!
Chemikus
kosmos

UND, WENN ICH MAL GANZ WERTFREI FRAGEN DARF, WARUM?
DAZU BEFRAGEN WIR VIELLEICHT BESSER MEIN JÜNGERES ICH.
HEY!
SCHON ALS KLEINER BUB WAR ICH VON IMMENSEM FORSCHERDRANG BESEELT.
KOSMOS
KANN MAN WOHL SAGEN!
ALLERDINGS WAR DIE DAMALIGE LEKTÜRE ALLES ANDERE ALS ERKLÄREND UND WENIG VERSTÄNDLICH FÜR EINEN JUNGEN GEIST.
Physik für Dummerle
HÄ? HIER STEHT: TAUCHT MAN 1 KOHLE UND 1 ZINKBLECH IN VERDÜNNTE SCHWEFELSÄURE, SO ENTSTEHT 1 STROM.
???
AN DAS BESCHAFFEN VON MATERIALIEN FÜR EXPERIMENTE WAR SCHON GAR NICHT ZU DENKEN. LAUT ANLEITUNG GILT ES HIER, EINE DURCHBOHRTE MESSINGKUGEL VON 3 CM DURCHMESSER BEIM HÄNDLER DES VERTRAUENS ZU BESORGEN.
EDER Der Metzger=Meister Ihres Vertrauens
I HAA BLOOS WURSCHT.
SCHAD.
DA, A SCHAIBLE LYONER. DAMIT GROOSS UND STARK WIRSCH.
ICH WERD MAL LEHRER.
AU RECHD.
UND ALS SOLCHER SPRACH ICH IM JAHRE 1920 BEI DER FRANCKH'SCHEN LEHRMITTELABTEILUNG VOR, UM OPTIONEN FÜR EINEN ANSCHAULICHEN UNTERRICHT ZU DISKUTIEREN.
ANSCHAULICHER UNTERRICHT IST LAUT MAFO VOLL ANGESAGT!
?

SCHLAUMEYER INFORMIERT

DIE 1920ER-JAHRE NENNT MAN AUCH DIE JAHRE DES «RADIOFIEBERS», DES «RADIOSPORTS». EIGENBAU WAR TRUMPF, UND TATSÄCHLICH GAB ES JAHRE, IN DENEN MEHR EIGENBAUTEN ALS VON DER INDUSTRIE HERGESTELLTE RUNDFUNKEMPFÄNGER ENTSTANDEN.

DEN «RADIOMANN-BAUKASTEN» PRÄMIERT 1936 DIE WELTAUSSTELLUNG MIT EINER GOLDMEDAILLE. 1957 ERHÄLT FRÖHLICH VON DER UNIVERSITÄT BERN DEN EHRENDOKTOR.

DANKE. DANKE. GERN GESCHEHEN. DA NICHT FÜR ...
ÄHEM.
TIPP TIPP
ÖH ... JA? WAR NOCH WAS?
DAS PATENT!
PATENT!
ACH SO, JA.
AM 21.10.1928 VOM REICHSPATENTAMT AUSGESTELLTE URKUNDE FÜR: EXPERIMENTIERKASTEN FÜR VERSUCHE AUS DER LEHRE DER ELEKTRISCHEN SCHWINGUNGEN.
NICHT ZU VERGESSEN, DASS DIES NATÜRLICH NUR DER ANFANG WAR UND DIE KÄSTEN DER EXPERIMENTE AUCH IM AUSLAND FÜR GUTE SCHWINGUNGEN SORGTEN.
THAMES & KOSMOS MISCHEN SEIT EIN PAAR JAHREN UK UND US AUF MIT EXPERIMENTIERKÄSTEN UND SPIELEN. TED UND ANDY SIND IM PRINZIP DER KELLER (PUBLISHING) UND DER NEHMANN (SALES & MARKETING) VON ÜBERSEE, UND STEVE AUS GROSSBRITANNIEN LIEFERT SOGAR BIS AUSTRALIEN!
Oozer Labs Alien Slime Lab
Alien Slime Lab
THAMES & KOSMOS
Oozer Labs Colorful Crystal Lab
THAMES & KOSMOS
MECHANICAL ENGINEERING ROBOTIC ARMS
CHEM C1000
THAMES & KOSMOS
CHEM C1000
I ♥ TK

DER INTERNATIONALE AUSTAUSCH IST JA AUCH NACH GUTER ALTER FRANCKH-MANIER, DER FREUDE AN DER FERNE, VOM GEBIRG' ZUM OZEAN UND SO …
HACH JA, DA SAGST DU WAS …
HE, MOMENT, WAS SEHEN MEINE TRÜBEN AUGEN …
WAS? WO?
NA, DA, IN DER FERNE! WART MAL.
DOTZ
EY!
SORRY. NUR GELIEHEN.
WAS SIND'N DAS FÜR TYPEN?
ACH, DIE.
DER BEWEGUNGSMANN UND DER FRISCHE-LUFTIKUS.
MIT DENEN MÖCHTEN WIR NICHTS ZU TUN HABEN.
ABER VIELLEICHT ICH!

VON ALL DEN DÄMPFEN, LICHTBLITZEN UND SCHRAUBEN SCHWIRRT MIR JA SCHON DER KOPF.
HÄ? WO SIND SIE DENN HIN?
HÖ.
ALICE COOPER
GOLF MONSTER
Mein Leben zwischen Golf und Rock 'n' Roll
KOSMOS
SIND GOLFEN MIT ALICE! - BWM & F-L
HUCH? WAS BLÜHT MIR DA? UND WO IST DIE MAUS?
IRMELAAAA!
ICH BIN HIIIER!

WO, BITTE SCHÖN, IST „HIER“?
DU MUSST EINFACH AM SCHLAFFEN HAHNENFUSS LINKS, DAS REGAL VOR DEM FLOH-KNÖTERICH MIT SEINEN LANG-FRANSIG BEWIMPERTEN BLATTSCHEIDEN RECHTS LIEGEN LASSEN, DANN VERZETTEL DICH NICHT BEI DER AUFRECHTEN KÜCHENSCHELLE (BLÜTE NICKT OFT BEI TRÜBEM WETTER) UND VORSICHT BEI DER SUMPF-KRATZDISTEL MIT IHREN STACHELIG GEFLÜGELTEN STÄNGELN! DANN RECHTS ABBIEGEN BEIM LEONTODON HISPIDUS (SEIN KÖRBCHEN ÖFFNET SICH GEGEN 5 UHR UND SCHLIESST SICH GEGEN 15 UHR) UND VOILÀ, HAST DU MICH GEFUNDEN!

LEON-WAS?
LÖWENZAHN, DU MÄDESÜSS.

NA, DU BIST GUT! WIE SOLL ICH GROSSSTADT-TOPFPFLANZE DENN ALL DIESES GEWÄCHS BESTIMMEN OHNE ...
WENN ICH MICH NICHT TÄUSCHE ...
... REICHT EIN GRIFF INS REGAL NEBEN DIR.
OHA.
DER KLASSIKER SCHLECHTHIN!
KOSMOS NATUR FÜHRER
Der neue Kosch
Was blüht denn da?
ERSTMALIG VERLEGT 1935 UND SEITDEM STETS GUT AUFGELEGT. MIT ÜBER ZWEITAUSEND ABGEFAHREN DETAILLIERTEN ILLUS.
UND JETZT: HALT DICH AN DEN BEWÄHRTEN KOSMOS-FARBCODE UND VIEL GLÜCK, DU WILDE MÖHRE.
WAS STEHT'N DA? AHH! BIN GLEICH DA!
UND WÄHREND WIR AUF DICH WARTEN, EINE KLEINE WERBEUNTERBRECHUNG.

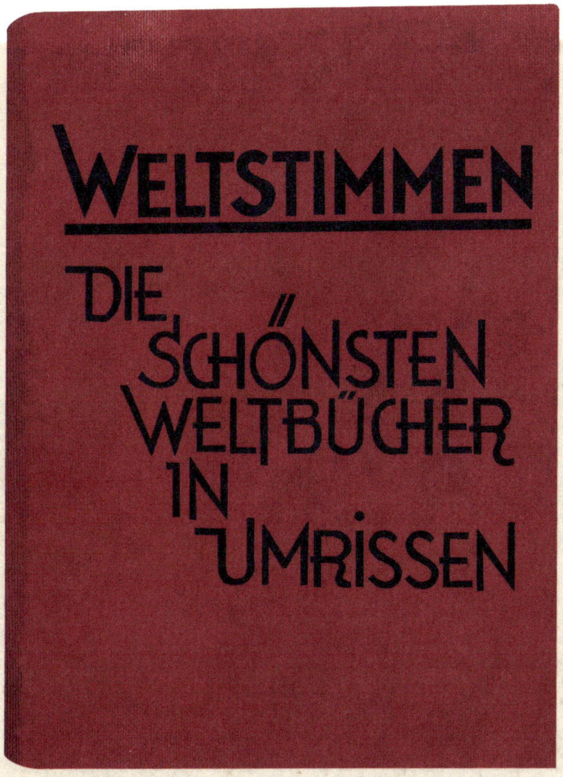

Strengste Auswahl des Besten!

Kein wahlloses Werben für Kunterbunt!

Bestellen Sie noch heute

Vertrauen Sie daher der neuartigen literarischen Zeitschrift! Sie macht Sie unabhängig von Lob und Tadel der Kritiker. Denn sie lobt nicht und setzt nicht herab, sie schildert sachlich, klug und lebendig den Inhalt der wertvollsten Werke der letzten Jahre. Plus Skizzen, Porträts, Schriftproben! Langeweile kann gar nicht aufkommen!

Hermann Hesse urteilt:
„Die Weltstimmen mögen einigen Bildungsstrebern irrtümlicherweise als Ersatz für das Selberlesen von Büchern dienen. Die ernsthaften Leser werden ohne Zweifel im Gegenteil zu einem lebendigeren Kontakt mit der heutigen Literatur gebracht."

Erscheint monatlich, 40 Seiten, -,80 RM

Stellen Sie sich vor, es gäbe keine Fehler mehr? Das Schachspiel wäre tot! Da bekanntlich »alle Fehler bereitliegen, sie brauchen nur noch gemacht zu werden«, ist es unnötig, die eigene Phantasie anzustrengen, um noch naivere oder originellere Fehler auf die 64 Felder zu zaubern.

Der Deutsche Meister von 1957 Paul Tröger zeigt, wie solche Fehler entstehen und wie man sie vermeiden kann.

96 Seiten, m. Abb, DM 8,60

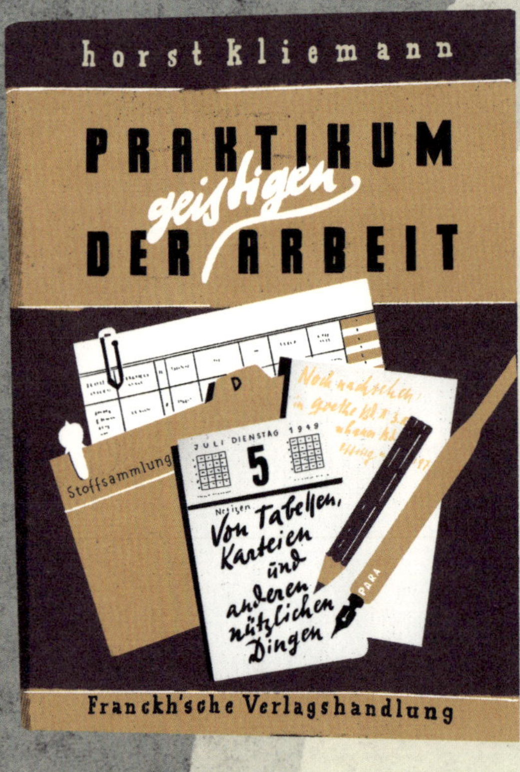

EIN WITZ?
JA, ABER EIN ALLTÄGLICHER!

Überall werden solche Verkehrtheiten gemacht, über die man laut lacht. Auch der Mann der Feder, der Schriftsteller, Redner, Student, Lehrer, Redakteur benimmt sich oft recht ungeschickt und sieht vor lauter Bäumen den Wald nicht!

Dieses Buch lehrt und zeigt, abseits aller reißerischen „Erfolgsmethoden", welche Vereinfachungen, welche Kniffe und Hilfen es bei der geistigen Arbeit gibt.

152 Seiten m. Abb, Halbleinen, DM 7.80

DR. IRMELA, NEHME ICH AN?
DAS HAT JETZT ABER LÄNGER GEDAUERT, ALS ICH ANNAHM.
NA JA ... OB DU'S GLAUBST ODER NICHT, ICH HAB MICH ERST MAL TOTAL VERLAUFEN ...
HAB DOCH GLATT DEN BÄRLAUCH MIT DER HERBSTZEITLOSEN VERWECHSELT. KANN LEICHT PASSIEREN, IST ABER GEFÄHRLICH.
UND WIE SO EIN KNOLLENBLÄTTERLING AUSSIEHT, MUSSTE ICH MIR JA AUCH ERST ANLESEN. STEHT NATÜRLICH IN EINEM ANDEREN BUCH.
Der große Kosmos Pilzführer
KOSMOS
KOSMOS—NATURFÜHRER
Alle Speisepilze mit ihren giftigen Doppelgängern
MIT KOSMOS MEHR ENTDECKEN
Über 1.200 Arten Europas
SEIT 1822
HANS E. LAUX

UND UM DAS ZU FINDEN, MUSSTE ICH ERST MAL NACHFRAGEN. DAS GING ZUM GLÜCK GANZ GUT MIT DIESEM BUCH.
KOSMOS
KINDER NATUR FÜHRER
Was lebt im Wald?
85 HEIMISCHE TIERE & PFLANZEN
SCHNICK SCHNACK?
SCHNUCK.
ABER UM DIE TIERE ZU FINDEN, MUSSTE ICH ZUM FÄHRTENLESER WERDEN. ZUM GLÜCK HAB ICH DIES HIER GEFUNDEN.
NASHORN?
KOSMOS
KINDER NATUR FÜHRER
Welche Tierspur ist das?
SPUREN UND BAUTEN VON 50 TIEREN
SOSO. UND WAS VERSTECKST DU DA VOR MIR?
DAS? OCH ... ÄH ...
KOSMOS
AHA!
Mit PROF. BERTHOLD — einen ZWITSCHERN
Er stellt sie vor, pfeift sie nach und die Vögel singen selbst
ZWITSCHER WASSER
ÄH ... JETZT KENN ICH MICH JEDENFALLS VOLL GUT AUS IN DER NATUR!
ABER DAS BESTE MUSS ICH DIR NOCH ZEIGEN. ICH BIN IM BLÜTENDSCHUNGEL ÜBER WAS GESTOLPERT, DU ...
... EINEN RICHTIGEN SCHATZ ...

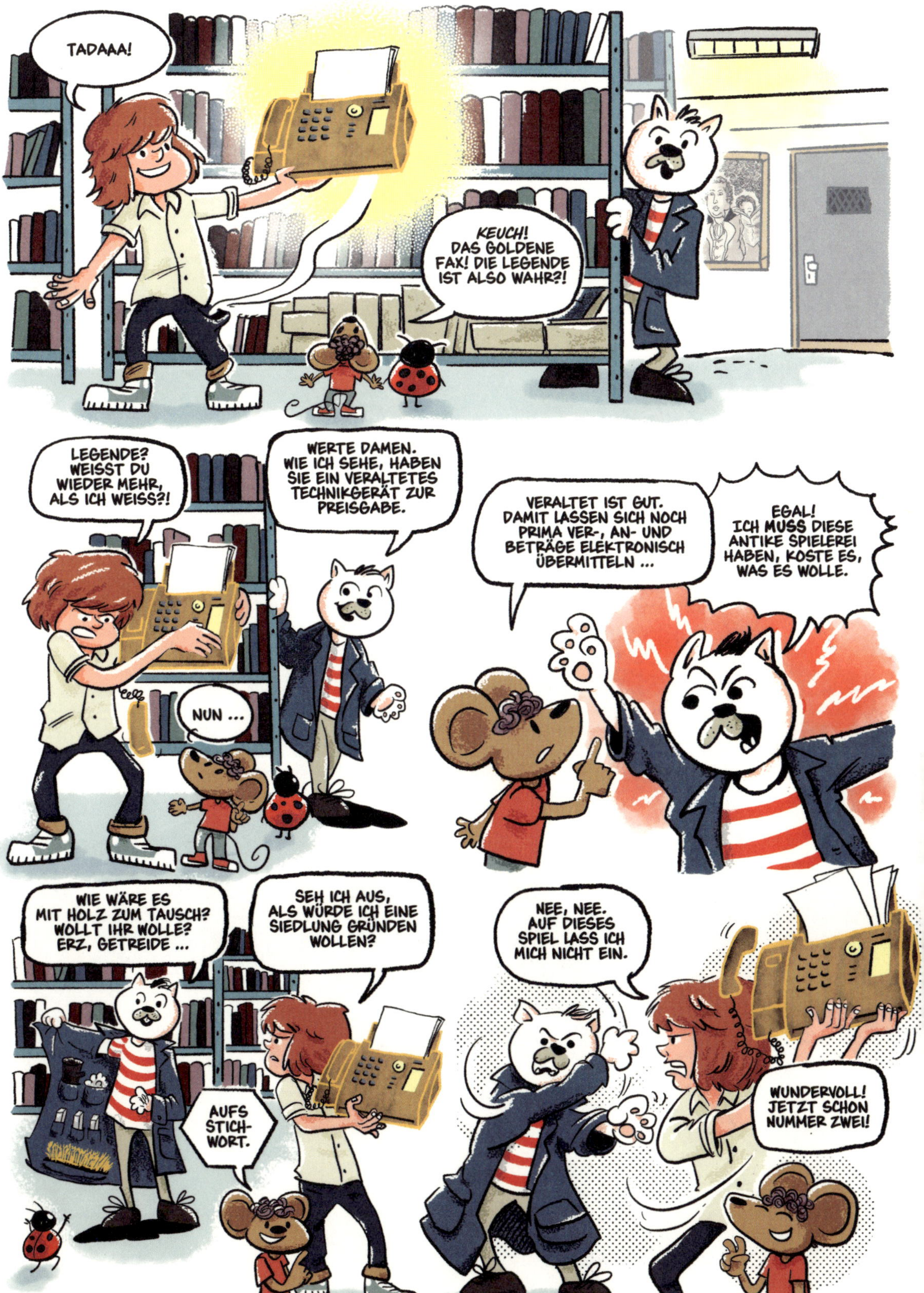
TADAAA!
KEUCH! DAS GOLDENE FAX! DIE LEGENDE IST ALSO WAHR?!
LEGENDE? WEISST DU WIEDER MEHR, ALS ICH WEISS?!
WERTE DAMEN. WIE ICH SEHE, HABEN SIE EIN VERALTETES TECHNIKGERÄT ZUR PREISGABE.
NUN ...
VERALTET IST GUT. DAMIT LASSEN SICH NOCH PRIMA VER-, AN- UND BETRÄGE ELEKTRONISCH ÜBERMITTELN ...
EGAL! ICH MUSS DIESE ANTIKE SPIELEREI HABEN, KOSTE ES, WAS ES WOLLE.
WIE WÄRE ES MIT HOLZ ZUM TAUSCH? WOLLT IHR WOLLE? ERZ, GETREIDE ...
SEH ICH AUS, ALS WÜRDE ICH EINE SIEDLUNG GRÜNDEN WOLLEN?
AUFS STICHWORT.
NEE, NEE. AUF DIESES SPIEL LASS ICH MICH NICHT EIN.
WUNDERVOLL! JETZT SCHON NUMMER ZWEI!

WELCHE STICHWÖRTER? DU BIST MIR EIN EWIGES RÄTSEL, MAUS!
AUCH RÄTSEL SIND JA EINE ART DES SPIELS. UND GENAU DARUM HANDELT ES SICH BEI DER LEGENDE VOM GOLDENEN FAX.
ALSO, ICH KENNE TELE-, VIDEO-, JA, SOGAR TELEFON-SPIELE. ABER VON EINEM FAX-SPIEL HABE ICH NOCH NIE GEHÖRT.
„NICHTS IST TRÜGERISCHER ALS EINE OFFENKUNDIGE TATSACHE" – DAS STAMMT ÜBRIGENS VON SHERLOCK HOLMES UND …
HEEE! DAS KITZELT. WAS …?

Sherlock Holmes Criminal-Cabinet
Spiel-Spannung für Leute mit Spürsinn
Sherlock Holmes Criminal-Cabinet
… GENAU MIT DEM LÖSTE SICH DER KNOTEN UND MAN ENTDECKTE IM VERLAG DAS SPIELEN FÜR SICH.

Sherlock Holmes Criminal-Cabinet
QUIZ-BUCH
Fragen, Antworten, Spielgewinne
Spielregeln
Sherlock Holmes Criminal-Cabinet
Zeitungs-Archiv
Londoner Adreßbuch
Buch der Kriminalfälle
Buch der Indizien
Sherlock Holmes Criminal-Cabinet
Holmes' London
EIN SPIEL DER BESONDEREN ART. KEINE WÜRFEL, KEINE SPIELKARTEN! ET VOILÀ: DAS BUCH DER KRIMINALFÄLLE, EIN STADTPLAN VON LONDON, EIN ADRESSBUCH, EIN ZEITUNGSARCHIV, DAS BUCH DER INDIZIEN ERGIBT ZUSAMMEN:
Spiel des Jahres
1985
KRITIKERPREIS

DA HEISST ES HIRNWINDUNGEN FREIKRATZEN, DENN ES WIRD DEDUZIERT, WAS DAS ZEUG HÄLT, SPUREN VERFOLGT UND SCHLÜSSE GEZOGEN …
… UND DER KLEINSTE FEHLTRITT SCHLEUDERT DICH MEILENWEIT AN DER LÖSUNG DES FALLES VORBEI.
KEINE WÜRFEL? SICHER, DASS DAS EIN RICHTIGES SPIEL IST?
LOGO! DAS IST FÜR DIE GANZ BEGEISTERTEN LIEBHABER VON QUIZAUFGABEN UND GEWIEFTE KRIMINALISTEN, EIN SPIEL FÜR SPEZIALISTEN. ABER VIEL WICHTIGER: WIE NENNEN WIR UNSER DETEKTIVTEAM?
DU FÜHRST VOM THEMA AB, MEIN GUTSTER.
RICHTIG! DER BLAUE KARFUNKEL, DER IM SCHOSS DER ERMORDETEN LADY WINDERMERE GEFUNDEN WURDE, WEIST KRATZSPUREN AUF …
ICH WAR'S NICHT!
DIE INDIZIEN SPRECHEN ABER DAFÜR, DASS DR. TRAUTMANN …
WUNDERBAR! UNSERE NEU EINGESCHLAGENE STRATEGIE, DEN SPIELEMARKT ZU EROBERN, SCHEINT AUFZUGEHEN.
DIE PRESSE IST BEGEISTERT UND DIE SPIELER* VERTIEFT UND GLÜCKLICH.
*NATÜRLICH MEINTE ER AUCH SPIELERINNEN.
WENN DOCH NUR AUCH DIE ZAHLEN STIMMEN WÜRDEN …
GRUSS AUS DER BUCHHALTUNG …

WAAAAAS? SOFORT VERKAUFEN!
NICHT VIEL!
HALLO, JAPAN? JA, IN CAUSA SPIELEPAKET. WIR SIND DABEI. DER VERTRAG ZUM ABKAUF IST UNTERSCHRIEBEN UND...
NEIN! BITTE NICHT DIE SPIELE! DENK DOCH AN DIE KINDER!
NEIN, WEG MIT DEM BALLAST. GELD REGIERT DIE WELT!
FAX NACH JAPAN
WENN NICHT AN DIE KINDER, DANN HALT AN DIE ERWACHSENEN. WIR HABEN DOCH GERADE ERST SO EIN SCHÖNES SPIEL EINGEKAUFT.
SPIELE FÜR ERWACHSENE? DAS WÄRE JA WIE KRIMIS FÜR KINDER!!!
DU LÜGNER UND LEUGNER! WER WOLLTE DENN DIE LETZTEN ABENDE NICHTS ANDERES MACHEN ALS „DIE SIEDLER VON CATAN" SPIELEN?
CA---CATAN? DAS SPIEL MEINST DU?
FLEISSNER! TU WAS! DAS SPIEL IST DER HIT!
NICHT VERKAUFEN! NICHT VERKAUFEN!

HOFFENTLICH HAB ICH MICH DABEI NICHT VERTAN.
UND SO GESCHAH'S. TRUE STORY!
NA LOGO, DENN …
FILMREIF, WÜRDE ICH SAGEN.
UND? GIBT'S 'NE FORTSETZUNG?
PSSST! ERST MAL 'NE AFTER-CREDITS-SCENE.
Neulich in der Spieleabteilung
RING RING
„Hallo?"
~
„Guten Tag! Wir hätten gerne 1000-mal die Siedler von Catan bestellt."

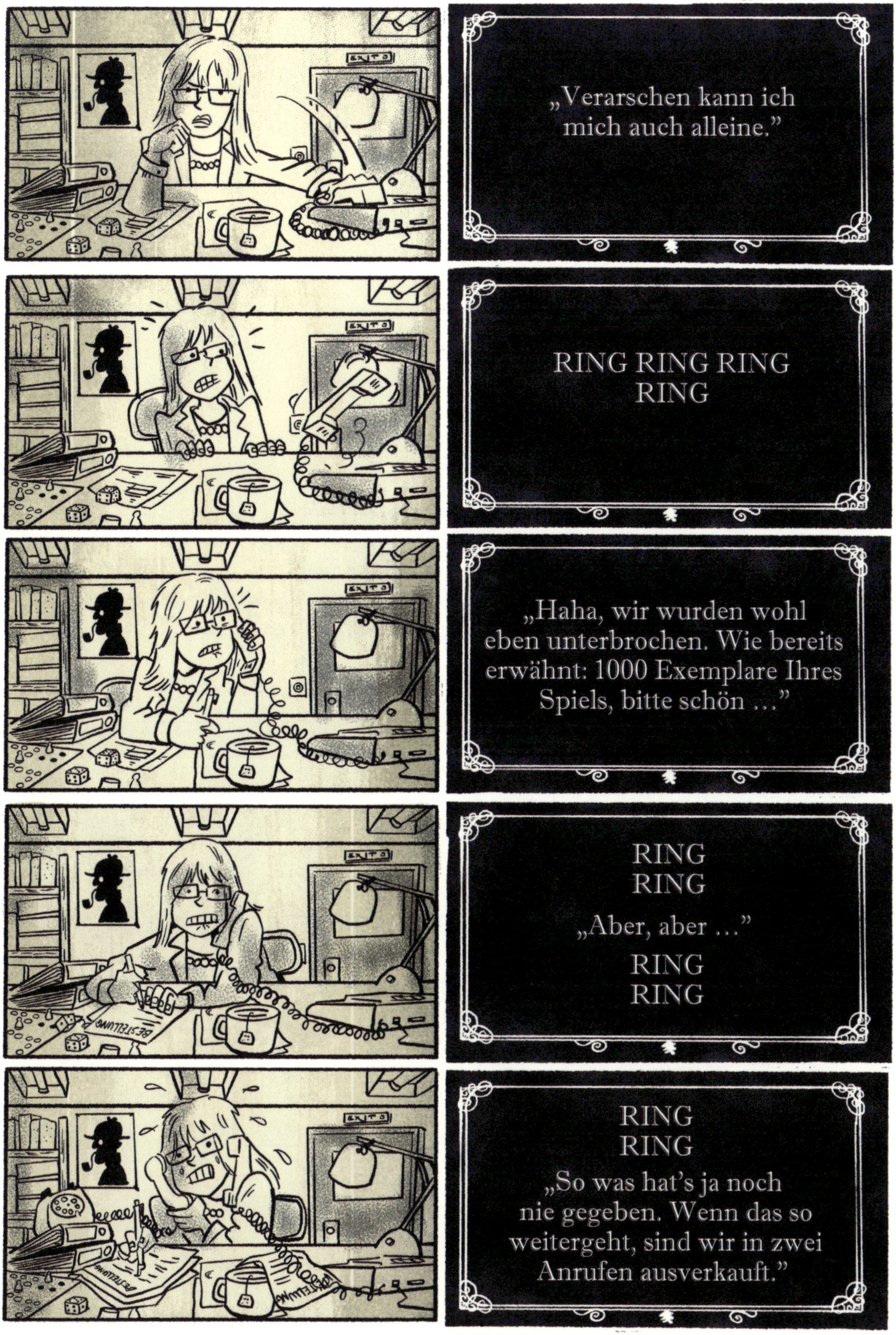
„Verarschen kann ich mich auch alleine."
RING RING RING RING
„Haha, wir wurden wohl eben unterbrochen. Wie bereits erwähnt: 1000 Exemplare Ihres Spiels, bitte schön …"
RING RING
„Aber, aber …"
RING RING
RING RING
„So was hat's ja noch nie gegeben. Wenn das so weitergeht, sind wir in zwei Anrufen ausverkauft."

CATAN
MAN WILL JA NICHT ANGEBEN …
NÖ, ÜBERHAUPT NICHT.
… ABER MIT DIESEM SPIEL GELANG DEM VERLAG EIN SENSATIONELLER ERFOLG.
DEM GEIST EINES GENIALEN SPIELE-TÜFTLERS ENTSPRUNGEN, AUS DEM HESSISCHEN ROSS-DORF …
SO WIE STEVE JOBS UND BILL GATES IN DER HEIMISCHEN WERK-STATT ENTWICKELTE TEUBER EIN PRODUKT, DAS DIE WELT VERÄN-DERN SOLLTE.
SEHEN DIE GARAGEN IN ROSS-DORF WIRKLICH SO AUS?
MIT SICHERHEIT!
Rossdorf
CATAN FÜR DUMMIES

UNSER GUTER GOTTLOB FRANCKH WÄRE SICHER HAPPY GEWESEN, DASS SEIN NACHFOLGER DEN RICHTIGEN RIECHER HATTE UND DIESES SPIEL UM DIE GANZE WELT WANDERTE.
Franckhs Bücher förting u. alt
NICHT NUR UM DIE WELT, BIS IN DEN KOSMOS!
KLAUS TEUBER
CATAN
STERNENFAHRER
KOSMOS
UND AUF REISEN SPIELT MAN EINFACH DIE HOSENTASCHEN-VARIANTE.
DAS HEISST MITBRING-SPIEL!
CATAN
DAS DUELL
KOSMOS
MIT PREISEN ÜBERHÄUFT, STEHT CATAN WIE KAUM EIN ANDERES SPIEL FÜR INNOVATIVES SPIELEN, DENN JEDE NEUE RUNDE BIETET EIN NEUES SZENARIO.
HERR TEUBER KONNTE ZUR ANNAHME DES PREISES LEIDER NICHT IN PERSON ERSCHEINEN. ER LÄSST SICH ENTSCHULDIGEN, ABER HEUTE IST SPIELEABEND AM KÜCHENTISCH IN ROSSDORF.
DIE PREIS-VERLEIHUNG VON CATAN
KLAUS TEUBER
CATAN
DAS SPIEL
Siedeln
Handeln
Bauen
KOSMOS
WIEN
CATAN
KOSMOS
KLAUS & BENJAMIN TEUBER
CATAN
Junior
6+
KOSMOS
CATAN
CATAN
DOCH DER VERLAG HAT SICH NATÜRLICH NICHT BLOSS AUF DEM ERFOLG DER SIED- ÄH ... CATANS AUSGERUHT.

Das von MICHAEL MENZEL erdachte Land ANDOR ist in Gefahr! Feinde rücken aus den Wäldern und dem Gebirge auf die Burg von König Brandur zu. Nur eine kleine Heldengruppe stellt sich ihnen entgegen. Doch diese droht, von Preisen überhäuft zu werden! „Kennerspiel des Jahres 2013", „Spiele Hit 2013", „Graf Ludo 2013", „As d'Or — Jeu de l'annee 2013", „Winnar Experts 2014" und „Juego del Año 2013". Da heißt es ausreichend frühstücken und dann aber gemeinsam ran an die Verteidigung! Fazit eines Spielers: „Nur zu empfehlen. Wer das nicht hat, tut mir leid."

Können Schweine fliegen? Haben Frösche Ohren? Tragen Mäuse perfekt geföhnte Frisuren? Haben Igel einen Schwanz? Frieren Käfer nachts ohne Schlafsack? (Fast) alle diese Fragen beantwortet dieses Spiel! Einfach spielen und hinterher klüger sein (gilt auch für Erwachsene, nur so als Hinweis).

von FRANK BEBENROTH und
MARCO TEUBNER

Willkommen im Inselreich Mangalopanesia! Auf dem höchsten Berggipfel hat der Dodo voller Stolz sein Ei gelegt. Nur einen Moment ist er unaufmerksam und schon plumpst es aus dem Nest und rollt mit hohem Tempo den Berg hinab zur Felskante … Als Kind ab 6 Jahren hat man bei dieser Wackelei eine ganz schöne Verantwortung! Das Ei muss schließlich gerettet werden.

Nichts für Weicheier.

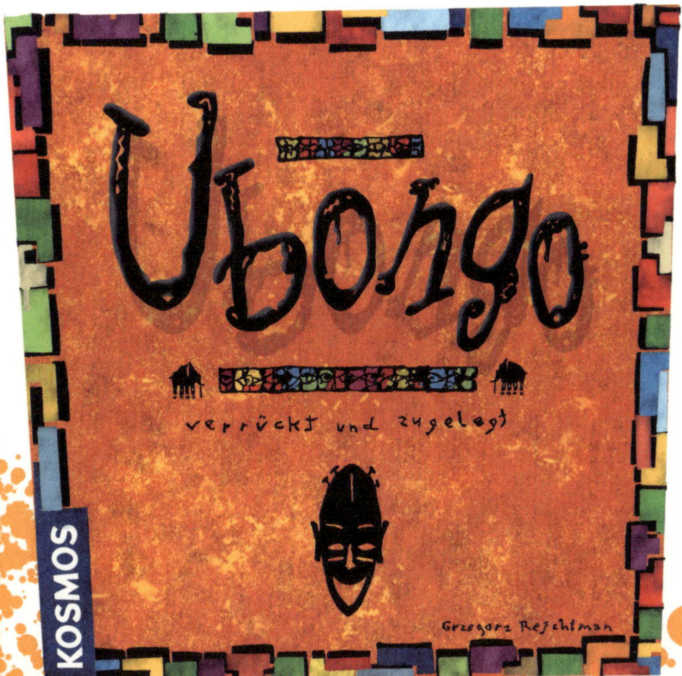

UBONGO
von GRZEGORZ REJCHTMAN

Das Umotto von Ubongo: „Schnell aufgebaut. Schnell losgespielt!" Dieses Spiel fördert spielerisch logisches Denkvermögen — oder den rasanten Ritt in den Wahnsinn, weil man gefühlt schon alle Kombinationen gelegt hat und trotzdem irgendein Legeteil noch immer nicht passt. Spoiler: Kinder sind meist genialer als ihre Eltern! Aber pssst!

Nominiert für das
Spiel des Jahres 2021!

von MICHAEL MENZEL ... ja, genau der

England 1193. Die Grafschaft Nottingham leidet unter dem Joch des bösen Prinzen John und seiner Handlanger. Was meint Kosmos dazu? Das geht so nicht! Hier muss also die ganze Familie mit anpacken und die Rollen von Robin Hood, Maid Marian und Will Scarlet einnehmen — schließlich geht es um den Kampf gegen die Ungerechtigkeit!

„... ehe man sich versieht, ist man in den Sog [des Spiels] geraten. Dabei beherrscht es vortrefflich, alle Beteiligten an den Tisch zu fesseln, ganz ohne komplizierte Mechaniken."

(Und wer hätte sich nicht schon manchmal gewünscht, die ganze Familie zu fesseln ...?)

Wozu viele Worte machen? „It works", das sehen Sie doch.

JETZT IST DAS SPIEL ABER AUS! ICH HAB DICH DURCHSCHAUT.
WIE MEINEN?
ALL DIE FIGÜRCHEN UND KLEINEN KLÖTZCHEN UND DIE BUNTEN BAUSTEINCHEN SIND NUR ABLENKUNG, UM MIR SANFT DEINEN IRRTUM, LIEBE IRMELA, UNTERZUJUBELN.
KLARTEXT MAL? BITTE?!
HIER UND HIER STEHT'S: KOSMOS SPIELE! VON WEGEN NATURZEITSCHRIFT UND FRANCKH.
ALSO HEISST DER VERLAG SCHON LÄNGST KOSMOS UND DU HAST ES MIR EINFACH SO UNTERGEJU-
WAU
WAU
WAU
NEIN, NEIN, UND JA. ALSO, EIGENTLICH HEISST ER IMMER NOCH ...
WUFF
WAU
WUFF
OH NEIN! DAS GOLDENE FAX!
HACH. EIN SÜSSER HUND!
HIER, BITTE. BEINAH WÄR EUCH EUER BRIEFBESCHWERER GEKLAUT WORDEN.
HAB VIELEN DANK.
IRRE! HIER GEHT'S RUND.

SO EIN SÜSSER WAUZI. HADDU FEIN GEMACHT. UND SO GUT ERZOGEN.
KILLE KILLE
UNERHÖRT! WIE DIE MIT MIR SPRICHT! WOHL NOCH NIE WAS VON GUTER MENSCHENSTUBE GEHÖRT?
HUCH ... ÄH ... ICH ... ALSO ...
ICH GLAUBE, DU SOLLTEST SIE MAL ZUM REGAL MIT DEN BÜCHERN VON DIESEN HUNDEPROFIS FÜHREN. SO WAS HAB ICH JA SCHON LANGE NICHT MEHR ERLEBT.
HUNDEPROFIS?
Problem gelöst! mit Martin Rütter
UNERWÜNSCHTES VERHALTEN BEIM HUND
KOSMOS
NA, DEN EINEN KOSMOS-HUNDEPROFI KENNST DU DOCH AUSM TV ...
AHA! KOSMOS!
AHA! SIE LENKT AB!
DIESE MENSCHEN! ICH SOLLTE EINEN RATGEBER FÜR UNS VIERBEINER VERFASSEN. TITEL: „ZIEH LEINE! TIPPS UND TRICKS FÜR DIE HUMANERZIEHUNG".
BÜCHER ÜBER TIERE, DAS HAT NOCH GEFEHLT.

IN DER TAT. BEI KOSMOS SIND SIE NICHT NUR VERLEGERISCH GANZ VERNARRT IN DIE VIERBEINIGEN.
NEBEN DEM BEREITS ERWÄHNTEN PAPAGEI HAT HIER AUCH SCHON MAL EIN SIEBENSCHLÄFER GEHAUST UND MITTLERWEILE GEHEN AUCH MEHRERE HUNDCHEN GESCHÄFTIG EIN UND AUS. ABER DAVON MAL AB- HOPPLA!
KOSMOS
Das Imkerbuch für Kids
BEOBACHTEN MITHELFEN ERNTEN
KOSMOS
HÜHNER HALTEN ganz einfach
Dem Hunde- wenn er gut gezogen
Kurt Kellner
Der Ratgeber für den Hundefreund
DR. BERNHARD GRZIMEK
WIR TIERE SIND JA GARNICHT SO!
FRANCKH'SCHE VERLAGSHANDLUNG STUTTGART
Vier feine Freunde
KARL EWALD
FRANCKH'SCHE VERLAGSHANDLUNG STUTTGART

VIER FEINE FREUNDE? KLINGT WIE NOCH EINER DIESER KRIMIS FÜR KIDS.
MITNICHTEN! HIER BEGEBEN WIR UNS INS REICH DER MÄRCHEN MIT EINEM SCHÜSSCHEN NATURKUNDE.

HAT ALSO TOTAL SINN ERGEBEN, DASS DER LANDVERMESSER-SOHN, NATURKUNDLER UND PHILOSOPH KARL EWALD BEI FRANCKH EINE BLEIBE FAND.
Chez Ewald
Menü
Futtern wie bei Muttern
(NATUR)
AUCH IHM WAR ES EIN ANLIEGEN, NATURWISSENSCHAFTLICHE ERKENNTNISSE EINFACH UND HUMORVOLL ZU VERMITTELN. DAS GANZE ALS MÄRCHEN ZUGÄNGLICH ZU MACHEN, WAR DER CLOU.

Karl Ewald
Mutter Natur erzählt
Franckh'sche Verlagshandlung · Stuttgart
Karl Ewald
DER ZWEIFÜSSLER
Das Märchen vom Menschen
FRANCKH'SCHE VERLAGSHANDLUNG · STUTTGART
Meister Schlaukopf
Karl Ewald
Franckh'sche Verlagshandlung · Stuttgart

FABELHAFT, MÖCHTE ICH MEINEN. EIN NETTES KURIOSUM, WISSENSCHAFT FÜR KINDER, MÄRCHEN FÜR ERWACHSENE …
AUS HEUTIGER SICHT VIELLEICHT KURIOS, ABER …

… NICHT ERST MIT DEN DREI HOBBY-SCHNÜFFLERN HAT DER VERLAG DIE LESELUST VON KINDERN UND JUGENDLICHEN BEDIENT.

„Minnehaha
Lachendes Wasser"

Vom in Bautzen geborenen deutsch-kanadischen Weltenbummler Emil Droonberg. Mit Gerstäcker und Karl May verglichen, ist Droonberg doch flüssiger als Gerstäcker und gefällt sich nicht in fantastischer Fabuliererei wie Karl May. Er ist ein feiner Schilderer, ein sehr scharfer Beobachter, der die Natur, Menschen und Tiere zu belauschen weiß.

Mary Stolz „Liebe hat Zeit"
(Jugendliteraturpreis 1959!)

Wie ist das mit der ersten Verliebtheit? Schwebt man auf Wolken, hängt der Himmel voller Geigen, sieht man die Welt in rosa-rotem Licht? Ein preisgekrönter Roman über die Zuneigung und erste Enttäuschung der 17-jährigen Anne. Um Traurigkeit und Bitternis zu bewältigen, helfen ihr die unaufdringlichen Eltern, die ausgeglichene ältere Schwester und der Lausbub Johnny.

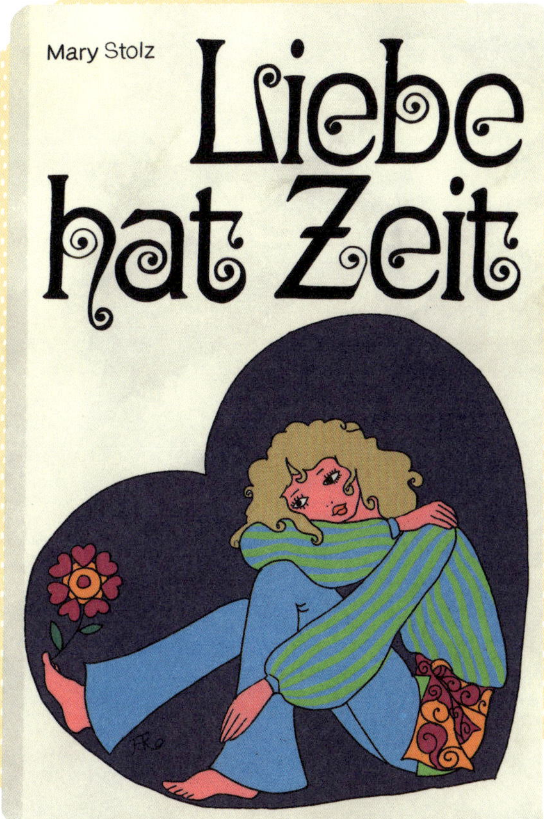

“Sajo und ihre Biber
von Wäscha-kwonnesin”
(Grey Owl)

Das Abenteuer von Sajo und zwei kleinen, geretteten Bibern, die im Handumdrehen die Herzen eines Indianerdorfes erobern.

„Dieses wunderbare Buch wurde uns vor 60 Jahren in der Schule vom Lehrer vorgelesen, und ich habe es nie vergessen.”

„Ein wunderschönes Buch für Kinder, Jugendliche und Erwachsene. Die schönsten Exemplare waren die älteren vom Franck'schen Verlag.”

“Cowboys”
von Holling C. Holling

Kann man was verkehrt machen, wenn man ein Buch mit dem Trendthema Nummer eins – in diesem Fall eins der 50er Jahre – benamst? Der Wilde Westen hier für Kinder und mit Kindern (v)erklärt. In der deutschen Übersetzung von Franckh sind die wunderschönen Illustrationen aus dem Original natürlich erhalten, nur aus Barbara-Ann wird Anne-Bärbel.

REIHE 20 FRANCKH

für junge Leser

Die Trompete erzählt von einem jungen Mann, geflohen aus der DDR, zwischen Beatnik-Jazz und Westwohlstand.

„Verliebt, verlobt, verheiratet … und dann?“ **Das wunderbare Geschenk** schildert ein ernüchterndes Eheleben und in **Kinder die sich lieben** erscheint die Welt der Erwachsenen und ihre Realität geradezu als inkompatibel mit der Gefühlswelt junger Menschen.

… und ich warte zeichnet eine Fluchtgeschichte nach, mit **Arrivederci, Deutschland!** kommt ein italienischer Gastarbeiter selbst zu Wort und Irmela Brenders **Der dunkle Spiegel** schildert Alltagsrassismus und entlarvt die eigene Erzählerin als Konformistin. Politischer geht’s wohl auch heute kaum.

MÄUSEKEN, ICK HÖR DIR TRAPSEN! DIESE NAMENSVER-WANDTSCHAFT DA ... IRMELA, SO HEISST NICHT JEDE.
ICH GEBE ZU, MEINE NAMENSPATRONIN IST IN MEINEN BESCHEIDENEN KNOPFAUGEN EINE GANZ GROSSE.

VERLAGS-PATRIARCH ROLF KELLER HAT SIE DAMALS DURCH EINEN AUSGESCHRIEBENEN WETTBEWERB ENTDECKT. IHREN ERSTEN ROMAN, BERUHEND AUF EIGENEN ERFAHRUNGEN WÄHREND EINES US-SCHÜLER-AUSTAUSCHS, KANN MAN DURCHAUS ALS STARTSCHUSS FÜR DIE KURZLEBIGE, ABER NICHT WENIGER BEEINDRUCKENDE REIHE 20 SEHEN.

Irmela Brender
Noch einmal: Dankeschön

SIE ARBEITET ALS FREIE JOURNALISTIN UND AUTORIN, HÄLT BEI FRANCKH ABER AUCH HINTER DEN KULISSEN DIVERSE REDAKTIONELLE FÄDEN IN DER HAND.
IRMELA BRENDER 1935 - 2017
SIE BEGINNT MIT DEM ÜBERSETZEN UND FOLGT DIESEM PFAD BIS ZU IHREM TOD MIT ÜBER 150 ÜBERSETZTEN TITELN.
ix Tricks
Irmela Brender
Rätsel, Kniffe, Schabernack
FRANCKH
DANEBEN ARBEITET SIE FÜR DEN RUNDFUNK, SCHREIBT ZAHLREICHE EIGENE BÜCHER UND WIRD FÜR KURZE ZEIT CHEFIN IN SACHEN MÄDCHENLITERATUR BEI FRANCKH.
irmela brender
...UND SCHREIB MAL AUS WARSCHAU
TJA. FRAUEN-POWER.

DASS WIR FRAUEN UNS GEMEINSAM ORGANISIEREN MÜSSEN, HAT FRANCKH QUASI AUCH VERSTANDEN. DER TASCHENKALENDER MIT DEM EINPRÄGSAMEN NAMEN „HEUTE – MORGEN – ÜBERMORGEN" SETZT DAHER AUCH MEHR AUF INFOS UND WISSEN …
Kosmos-Taschenkalender 1957
Kosmos-Taschenkalender 1958
1959 KOSMOS TASCHENKALENDER
1960 KOSMOS TASCHENKALENDER FRANCKH
1961 KOSMOS TASCHENKALENDER FRANCKH
1962 KOSMOS TASCHENKALENDER FRANCKH
1963 KOSMOS TASCHENKALENDER FRANCKH
1964 KOSMOS TASCHENKALENDER FRANCKH
1965 KOSMOS TASCHENKALENDER FRANCKH
1966 KOSMOS TASCHENKALENDER FRANCKH
1967 KOSMOS TASCHENKALENDER FRANCKH
1968 KOSMOS TASCHENKALENDER FRANCKH
1969 KOSMOS TASCHENKALENDER FRANCKH
… SO BAUT MAN EIN KALEIDOSKOP, EINE ÜBERSICHT ÜBER DAS PERIODENSYSTEM DER ELEMENTE, MATHEMATISCHE ZEICHEN, KÄFER(!)KUNDE …
… DISKUSSIONSANREGUNGEN FÜR LESERINNENBRIEFE – WIE HÄLTST DU'S MIT DEN RADIKALEN? WIE LERNT MAN DAS AUSLAND WIRKLICH KENNEN? WIE STEHT ES MIT DEN GRUNDRECHTEN DER JUNGEN GENERATION IN DER FAMILIE? – …
Der Taschenkalender für junge Mädchen heute morgen übermorgen '68
Der Taschenkalender für junge Mädchen heute morgen übermorgen '69
Der Taschenkalender für junge Mädchen heute morgen übermorgen '70
Der Taschenkalender für junge Mädchen heute morgen übermorgen '71
Der Taschenkalender für junge Mädchen heute morgen übermorgen '72
Der Taschenkalender für junge Mädchen heute morgen übermorgen '73
… GANZ IM KOSMOTISCHEN SINNE – ALS AUSSCHLIESSLICH AUF BACKREZEPTE UND NÄHTIPPS.
UND AUF WUNDERVOLLE ILLUSTRATIONEN! SAG BLOSS, DIE SIND …
SIEHT MAN DOCH, ODER? CLASSIC AIGA!

DIE KÖNNTE KOSMOS ... FRANCKH ... KOSMOS ... RUHIG WIEDER AUFLEGEN. MAN MÜSSTE NICHT MAL DIE ILLUS ÄNDERN. GROSSE KUNST UND RETRO IST VO-VO-VO...
HATSCHUUUIE
VERDAMMTER ARCHIVSTAUB ... SCHNÄUZ! WO KOMMT DER DENN PLÖTZLICH HER ...
TJA, WO LICHT, DA AUCH SCHATTEN. ICH SCHÄTZE ...
... WIR SIND IM KONSERVATORIUM DES VERLAGS-PROGRAMMS GELANDET.
Rosemarie Schittenhelm
Man wird dich lieber haben
Anstandsbuch für junge Damen
OHA.
NICHT UNGEWÖHNLICH. WENN EIN VERLAG DEN ZEITGEIST ABBILDET, BLEIBT DIESER, WENN AUCH LÄNGST ÜBERHOLT, ALS DRUCK-ERZEUGNIS-DOKUMENT BESTEHEN.
HA! ZIEH'S DIR REIN: „VERGNÜGLICHES, NOTWENDIGES UND NÜTZLICHES, GUTER RAT FÜR JEDE LEBENSLAGE – LIEBEVOLL UND MODERN: EIN KLUGER UND PRAKTI-SCHER BEGLEITER FÜR DIE JAHRE DES ERWACHSENWERDENS ..."

VON MORGENS BIS ABENDS
Ein Handbuch für junge Mädchen von Rosemarie Schittenhelm
FRANCKH
(Der kritische Blick in den Spiegel) Du meinst, deine schöne Seele sei dir genug und äußere Dinge seien Tand? Merke dir, dass man einen wohlerzogenen Menschen auch an seiner äußeren Erscheinung erkennt wie den Gammler an der seinen. Du bist jung, du darfst kräftige Farben tragen – aber laufe nicht wie eine Fanfare durch die Welt, sondern vermeide es, alle Blicke auf dich zu ziehen.
(Nachbarn) Sei rücksichtsvoll. Schließe zuerst die Fenster, ehe du dich ans Klavier setzt – nicht jeder schätzt den „Fröhlichen Landmann" oder die „Mondscheinsonate" zum fünfundsiebzigsten Male und mit kleinen Schönheitsfehlern.
(Im Café) Auch wenn dein Magen knurrt, falle nicht wie ein hungriger Wolf über die Schlagsahne her. Rühre auch nicht mit Klappern und Inbrunst den Zucker in deinen Kaffee. Erzeuge so wenig wie möglich Geräusch – daran erkennt man die Dame. Mit dem Kellner verkehrt ausschließlich der Herr. Hat die Dame einen Wunsch, richtet sie ihn an ihren Begleiter, niemals direkt an den Kellner.
Gelungene Feste glückliche Gäste
junge Gastgeberinnen heute
FRANCKH
Lille Kellner
(Vorstellen) Es ist hübsch, wenn ein junges Mädchen bei der Vorstellung liebenswürdig lächelt; auch ein gerade angedeuteter Knicks vor älteren Herrschaften sieht bezaubernd aus. Junge und jüngere Herren werden dir vorgestellt. Du bleibst dabei sitzen, reichst ihnen die Hand oder neigst nur lächelnd den Kopf. Du sagst weder „sehr angenehm" noch deinen Namen. Eine Dame sagt bei der Vorstellung niemals ihren Namen. Sie stellt sich auch einem Herrn nicht selbst vor, sondern bedient sich dabei der Vermittlung Dritter.
(Wenn es klingelt) Mit dem Läuten der Türglocke verlangt die Welt Einlass ins Heim. Wer auch draußen stehen mag: erwidere freundlich seinen Gruß. Das verdient auch der Bettler, der Hausierer, auch der Vertreter, selbst wenn es der dritte ist, der heute einen Staubsauger vorführen möchte.

AUWEIA. SIEHT AUS, ALS HÄTTEN WIR EIN WENIG ZU VIEL STAUB AUFGEWIRBELT.
NIX ZU SEHEN, ABER …
KLOPP
KLIPPI KLOPP
KLIPPI
KLIPPI KLOPP KLOPP
… HÖRST DU DAS?
ICH GLAUB, ICH HAB EIN DÉJÀ-VU VON SEITE 43!
KL
KLOPP
GALOPP
KEUCH! DIESE SILHOUETTE … WELCH UNGETÜM MAG SICH DURCH SIE ABZEICHNEN?
DU MEINST WOHL „WAS KOMMT DENN DA?“.
BRRRR, RUHIG!
NA TOLL! DA REDET MAN ÜBER MÄDCHENLITERATUR UND WELCHEN ÜBERGANG BEKOMMT MAN AUFGEDRÜCKT? PFERDE! SEHR ORIGINELL!
VON WEGEN ÜBERGANG. MEINE REITLEHRE VOM AHNUNGSLOSEN ANFÄNGER FÜR DEN AHNUNGSLOSEN ANFÄNGER WAR ABSOLUTE CHEFSACHE.
Horst Stern
so verdient man sich die Sporen
Reiten lernen, wie es selten im Buche steht
NOCH 'N BUCH. WAR JA KLAR!
PSCHT. NICHT SO ZÜGELLOS, DU. VIELLEICHT LÄSST UNS DER FEINE HERR JA AUFSITZEN.

WARUM NICHT ... HÜAH!
SEHR FREUNDLICH. DANN BITTE EINMAL AUS DEM NEBEL RAUS, HERR STERN.
DU BIST ABER SEHR VERTRAUENSVOLL. NUR WEIL DER FEINE HERR SO FEIN GEKLEIDET IST, WAS?
AUCH AUF DEM PFERDERÜCKEN MUSS ALLES SEINE ORDNUNG UND SEINEN SCHICK HABEN. SCHLIESSLICH HAT VERLEGER ROLF KELLER MEINE REITLEHRE HÖCHSTSELBST IN AUFTRAG GEGEBEN.
GAB'S JA ZUVOR QUASI NICHT: ERFAHRUNGSJOURNALIMUS ALS LEITFADEN UND LEHRBUCH. SELBST DAS PFERD HAT DER KELLER GESTIFTET ...
LEICHT WAR'S NICHT, ICH HATTE JA ANFANGS KEINEN SCHIMMEL ... ÄH ... SCHIMMER VOM REITEN. UND DER REITLEHRER WAR EIN KOMMISSKNOCHEN DURCH UND DURCH.
ICH BIN IN MEINEM LEBEN OFT ANGEBRÜLLT WORDEN, ABER NIE SO WIE DA AUF DEM PFERD.
AH, HIER LICHTET SICH'S.
HAT SICH ABER GELOHNT, DIE HARTE TOUR. DAS BUCH WAR EIN VOLLER ERFOLG. ZWANZIG MAL AUFGELEGT, GIBT'S HEUTE IMMER NOCH. HÜ-HOTT.

IRMELA, MICH DEUCHT, WIR SIND ÜBERS ARCHIV HINAUSGESCHOSSEN.
ACH HERRJE. ICH GLAUB, MICH TRITT EIN …
STIMMT WAS NICHT?
WER AM SONNTAG KANZLER WIRD?
DIE SOWJETISCHE TRÄGERRAKETE?
WIR WAREN NOCH GAR NICHT FERTIG IM ARCHIV UND MIT DER K-FRAGE.
NEE, SIE MEINT DIE KOSMOS-FRAGE.
HA! SIEHSTE?! NJET, 'TSCHULDIGUNG, NEIN, DER VERLAG!
ACH, DIE ZEITSCHRIFT?
NEIN, JA. WAS WEISS ICH?!
ICH SEH SCHON, BESSER WÄRE ES, WIEDER ZURÜCK INS ARCHIV ZU GELANGEN.
SIE HAM NICHT ZUFÄLLIG 'NE KARTE VOM KOSMOS PARAT, HERR STERN?
DOCH, DOCH. DIVERSE. WELCHE DARF'S DENN SEIN?

HIER ZUM BEISPIEL, DAS (HORST)STERNBILD DER GROSSEN MAUS. WENN SIE DAS MAL NICHT IN DIE RICHTIGE RICHTUNG LEITET, DANN WEISS ICH AUCH NICHT, MADEMOISELLE ...

DAS „HIMMELSJAHR" HAB ICH DOCH SELBST IM RUCKSACK! SONST WÜSSTE ICH DOCH GAR NICHT, WAS ES MIT DEN ASTRONOMISCHEN JAHRESEREIGNISSEN AUF SICH HAT!
DANN HAB ICH NOCH DAS DA.
DAS IST VON 1910. UND ÜBERHAUPT, UM HIMMELS WILLEN, WIR WOLLEN ZUM, NICHT IN DEN KOSMOS!

STERNBÜCHLEIN
FÜR DAS JAHR 1910
VON R. HENSELING
STUTTGART · FRANCKHSCHE VERLAGSHANDLUNG

Das Himmelsjahr 1983
SONNE, MOND UND STERNE IM JAHRESLAUF
kosmos franckh
WIE NENNT DER MICH? MADMÄUSELE? DIMINUTIVE VERBITTE ICH MIR. UND AUSSERDEM ...

ERST „ZUM" DANN „IN DEN", ALSO, VERLAG ... MENSCHENSKINDER.
KAHN? DSCHINGIS, KUBLAI ODER OLLI?
DER MENSCH ALS VERLAG? AH, VIELLEICHT DIE KARTE VON KAHN?
WEDER NOCH, DIES HIER IST VOM FRITZ.
FRITZ KAHN DAS LEBEN DES MENSCHEN

DER MENSCH ALS KOSMOS
FRITZ KAHN, HALLENSER HUMANMEDIZINER UND WEIT GEREISTER ERFOLGSAUTOR DES FRÜHEN 20. JAHRHUNDERTS. SEINE BÜCHER VERKAUFTEN SECHSSTELLIGE AUFLAGEN (MEDIZINBÜCHER, DAS MUSS MAN SICH MAL VORSTELLEN!). DIE FANTASTISCH BILDHAFT UND UNTERHALTSAM GESCHRIEBENE REIHE „DAS LEBEN DES MENSCHEN" MACHTE IHN INTERNATIONAL BEKANNT. 1938 FANDEN SEINE BÜCHER DANN NICHT MEHR REISSENDEN ABSATZ, SONDERN EINEN PLATZ AUF DER „LISTE DES SCHÄDLICHEN UND UNERWÜNSCHTEN SCHRIFTTUMS". 1941 EMIGRIERTE ER AUS PARIS IN DIE USA.
REDAKTION
PRAKTIS VOLONTÄRE
ARCHIV
MARKETING/ VERTRIEB/PRESSE
VERLAGSLEITUNG
KREATIVE
POST
POST
@KOSMOS

SEIN „MENSCH ALS MASCHINE" IST NICHT NUR EIN ANSCHAULICHER KLASSIKER, SONDERN MACHT AUCH DESIGNERN IMMER NOCH ALS INSPIRATION ORDENTLICH DAMPF.
APROPOS DAMPF, JETZT BIN ICH HIER ABER MAL WIEDER AM ZUG. WIE WAR DAS NUN EIGENTLICH MIT KOSM-
ZUG! DAS IST'S!
HERZBLUT
ORGA
HERSTELLUNG
IDEEN
KLEBE
INNOVATION
TRADITION
SENF
BUCHHALTUNG CONTROLLING
LAGER
FEIER-ABEND
LIZENZEN
IN
OUT
HANDEL
SNACK-BÄR
TEE
NUSS
SCHOKI
DRINGEND !!!
DAS!
WAS!
KÄFER!
NOCH MAL
GESTERN

DA WIR UNS LANGSAM DEM ENDE DES BUCHES NÄHERN, SOLLTEN WIR TATSÄCHLICH SCHNELLE SCHIENE MACHEN, UM ZUM ARCHIV ZURÜCKZUKEHREN. ALLES EINSTEIGEN!
UND BEVOR DU HIER WIEDER MAL NUR BAHNHOF VERSTEHST: DIE VERBINDUNG ZÜGE, LOKOMOTIVEN UND ALLES, WAS DAS TRAINSPOTTING-HERZ BEGEHRT, AUCH DIE HAT KOSMOS DRAUF ...
... GEHABT. BIS IN DIE NEUNZIGERJAHRE HINEIN HAT MAN VOM SCHMALSPURBAHN-ENTHUSIASTEN BIS ZUM LOKFÜHRER MIT WISSENSWERTEM ÜBER DIE DAMPF- UND DIESELRÖSSER VERSORGT. REISELEKTÜRE GEFÄLLIG?
DAMPFLOKOMOTIVEN IN SUPER STEREO
Johannes C. Klossek
20 Hörszenen auf einer 30 cm-Langspielplatte auch mono abspielbar Begleitbuch mit 50 Fotos
BÜCHER UND ZUGFAHRTEN SIND FÜR MICH JEDENFALLS NICHT AUSEINANDERZUDENKEN.
Dierk Lawrenz
Ein Jahrhundert Feldbahnen
Franckhs Eisenbahnbibliothek
WEITE WELT der Eisenbahn
Taschenbuch Deutsche Triebwagen
Akku-Triebwagen
Dampf-Triebwagen
Elektro-Triebwagen
Verbrennungs-Triebwagen
Horst J. Obermayer
ACH DU, LASS MAL. ICH GUCK MIR LIEBER DIE LANDSCHAFT AN ...
NA JA, DAS HAT SICH DER VERLAG DANN WOHL AUCH IRGENDWANN GEDACHT UND DIE LOK-LEKTÜRE EINGESTELLT. EIN NICHT GERADE EISENBAHNROMANTISCHES ENDE ...
STUTTGART
Taschenbuch der Eisenbahn
1 Fahrzeuge und Bahntechnik
Horst J. Obermayer

IST ... IST DAS ... SIND WIR RICHTIG HIER?
NA KLAR, DA STEHT'S DOCH: STUTTGART!
STUTTGART
DU KANNST MIR JA VIEL ERZÄHLEN, ABER SO SIEHT DOCH WEDER DER NEUE NOCH DER ALTE BAHNHOF ...
STIMMT. DANN IST DAS WOHL DER NOCH ÄLTERE, DER ERSTE GAR? NA KLAR, HIER AM SCHLOSSPLATZ.
WI-WILLST DU DAMIT SAGEN, WIR SIND IN DER ZEIT GEREIST? ZURÜCK IN DIE ZUKUNFT ODER WAS?
SIEHT SO AUS!
UND WIE SOLLEN WIR HIER BEI GOTTLOB DEN VERLAG FINDEN?
EASY! WIR MÜSSEN NUR DIESEM JUBELBLATT ZUM 175. GEBURTSTAG, WELCHES ICH VORTREFFLICHERWEISE IMMER BEI MIR FÜHRE, FOLGEN ...
175!!
... UND DIE ALTEN ADRESSEN ABKLAPPERN. ALSO JEDEN ORT ...

HALLO? JEMAND ZU HAUSE?
FEHLANZEIGE.
ICH FINDE DIE KLINGEL NICHT.
DANN KLOPF DOCH.

oder Wegzeiger
der
ttembergischen Residenzstadt
TTGART
eilung, mit Bezeichnungen der
AUCH WIEDER NIX. JETZT SIND WIR SCHON EWIGKEITEN UNTERWEGS …
auf Stein graviert.
Pavillon der Garde Officier
Königlicher Marftall
DANN MUSS UNS DIE ZEIT EINGEHOLT HABEN UND WIR KÖNNEN ALS LETZTE STATION DOCH WIEDER ZUR PFIZERSTRASSE …
OH-OH …
ALLE STATIONEN – VON FRANCKH BIS KOSMOS
Erster Sitz: Königstraße 57
Handlager 1893: Altes Schlachthaus am Hegelplatz
Zu Zeiten von Leins & Conradi: Neue Weinsteige
ab 1893: Bergstraße 5 (Erdgeschoss)
ab 1899 bis 1903: Büchsenstraße 53
1903 bis 1908: Blumenstraße 36
1908: Pfizerstraße 5 (Neubau)
ab 1949 bis heute: Pfizerstraße 5–7
Gebäude

OH NO!
ACH HERRJE. DAS WAR ZU BEFÜRCHTEN, DASS UNS DIESES KAPITEL IRGENDWANN BEGEGNET.
IN DER NACHT VOM SIEBTEN AUF DEN ACHTEN OKTOBER 1943 WIRD DAS VERLAGSGEBÄUDE VON ALLIIERTEN BOMBEN GETROFFEN UND ZERSTÖRT.
–
WAS SOLL MAN DAZU SAGEN ...?

Frauenlob

„Ein Buch von der Kraft des Herzens — man hat gerade in heldischen Zeiten immer gewusst, wie sehr es auf diese Kraft ankommt … Deshalb bedarf es keiner Rechtfertigung, dass in unseren Tagen dieses Buch einer Frau über Frauen erscheint und dass ihre opfervolle Hingabe der männlichen Tat ebenbürtig zur Seite gestellt wird."

Jungen in Berlin

„Musterknaben sind sie nicht. Es liegt etwas Wildes um sie. Der Krieg zeichnete auch Jungen in Berlin, die kein Kommando hatten und nur noch eine Autorität kennen: den Krieg. Ihm gehorchen sie und folgen seinem Befehl, wie sie ihn verstehen. Mit dem unverbildeten Blick der Jugend sehen sie die Dinge, wie sie wirklich sind, sie erkennen hinter jeder Maske der Erwachsenen die Tüchtigen und Anständigen, die Spießer, die Drückeberger, die Verräter, und behandeln sie dementsprechend."

Dieses Thema ist uns sehr wichtig, logisch. Wir können es an dieser Stelle jedoch nicht so umfassend abbilden, wie wir es für angemessen halten. Daher weisen wir auf die neue Verlagschronik „Franckh-Kosmos … von nicht verklungener Wirkung …" hin, die sich ausführlich mit der Verlagsgeschichte zwischen 1933 und 1945 auseinandersetzt und mehr in die Tiefe geht.

DIE HÖHLENKINDER DES BÖHMISCHEN SCHRIFTSTELLERS ALOIS TLUČHOŘ, DIE ER UNTER DEM PSEUDONYM ALOIS THEODOR SONNLEITNER SCHRIEB. DIE ROBINSONADE ÜBER PETER UND EVA, ZWEI WAISEN, DIE NACH DEM DREISSIGJÄHRIGEN KRIEG AUSZIEHEN – ERST AUS DER HEIMISCHEN HÜTTE IN DEN „HEIMLICHEN GRUND“, WEIL DIE OMA DER HEXEREI VERDÄCHTIGT WIRD – UND LERNEN MÜSSEN, WIE SIE IN DER NATUR ÜBERLEBEN KÖNNEN, PFLANZEN UND PILZE KENNENLERNEN, DIE GEHEIMNISSE VON WURZELN UND KRÄUTERN ERKUNDEN.

TJA, HÄTTEN DIE WIEDERUM MAL ZUGRIFF AUF DEN KOSMOS-KATALOG GEHABT ...
... HIER GEHT ES ABER UMS LERNEN DURCH SELBERMACHEN. ZUM BEISPIEL:
DER ERSTE UNTERSCHLUPF DER KIDS IST EINE HÖHLE, EIN VON EINEM BLITZSCHLAG GETROFFENER BAUM SPENDET IHNEN DAS ERSTE FEUER. SIE ZIEHEN IN EINE ERDHÜTTE UND SCHLIESSLICH IN EINEN PFAHLBAU UND SCHLIESSLICH UND ENDLICH IN EIN STEINHAUS AUF DER SONNIGEN LEITEN.
SALVE
(SONNIGE LEITEN ... MERKSCH WAS? AUTORENNAME?)
... UND VOLLZIEHEN SO SCHRITT FÜR SCHRITT DIE ENTWICKLUNG DER MENSCHHEITSGESCHICHTE NACH.
UND GRÜNDEN DANN DEN KOSMOS VERLAG?
PFIZERSTR.
NA JA, NEIN. SONST HIESSE DAS BUCH JA DIE KESSELKINDER, ODER ... ÄH ... DIE FRANCKHS BAUEN EIN HAUS (AM ENDE DES BUCHS). VERSCHTESCH?
LOGO. ABER DAMALS HÄTTE MAN KOSMOS AUCH LOCKER ALS HEXEREI-VERLAG ANKLAGEN KÖNNEN. DIE WISSEN EINFACH ZU VIEL DARÜBER, WAS WO UND WIE BLÜHT, KRABBELT, FLIEGT UND SINGT.

HEUTE WÜRDE MAN SO WAS JA ÜBER EIN WEBINAR ERLERNEN KÖNNEN.
KOSMOS
FRAG-KOSMOS
AH, ARCHIVE, SWEET ARCHIVE! - UND WIE AUFS STICHWORT SIND WIR WIEDER IN VERTRAUTER UMGEBUNG.
EXIT
HAB ICH DAS STICHWORT VERPASST? WOVON SPRICHST DU, MAUS?
NA JA, DAS WAR NUN WIRKLICH EHER SO DAHINGESAGT. ICH KANN AUCH NICHT ALLES ERKLÄREN, WEISST DU?
DAS WEISS ICH LÄNGST. SCHLIESSLICH DRÜCKST DU DICH SCHON DIE GANZE ZEIT DAVOR, WARUM UND SEIT WANN DENN NUN KOSMOS KOSMOS ...

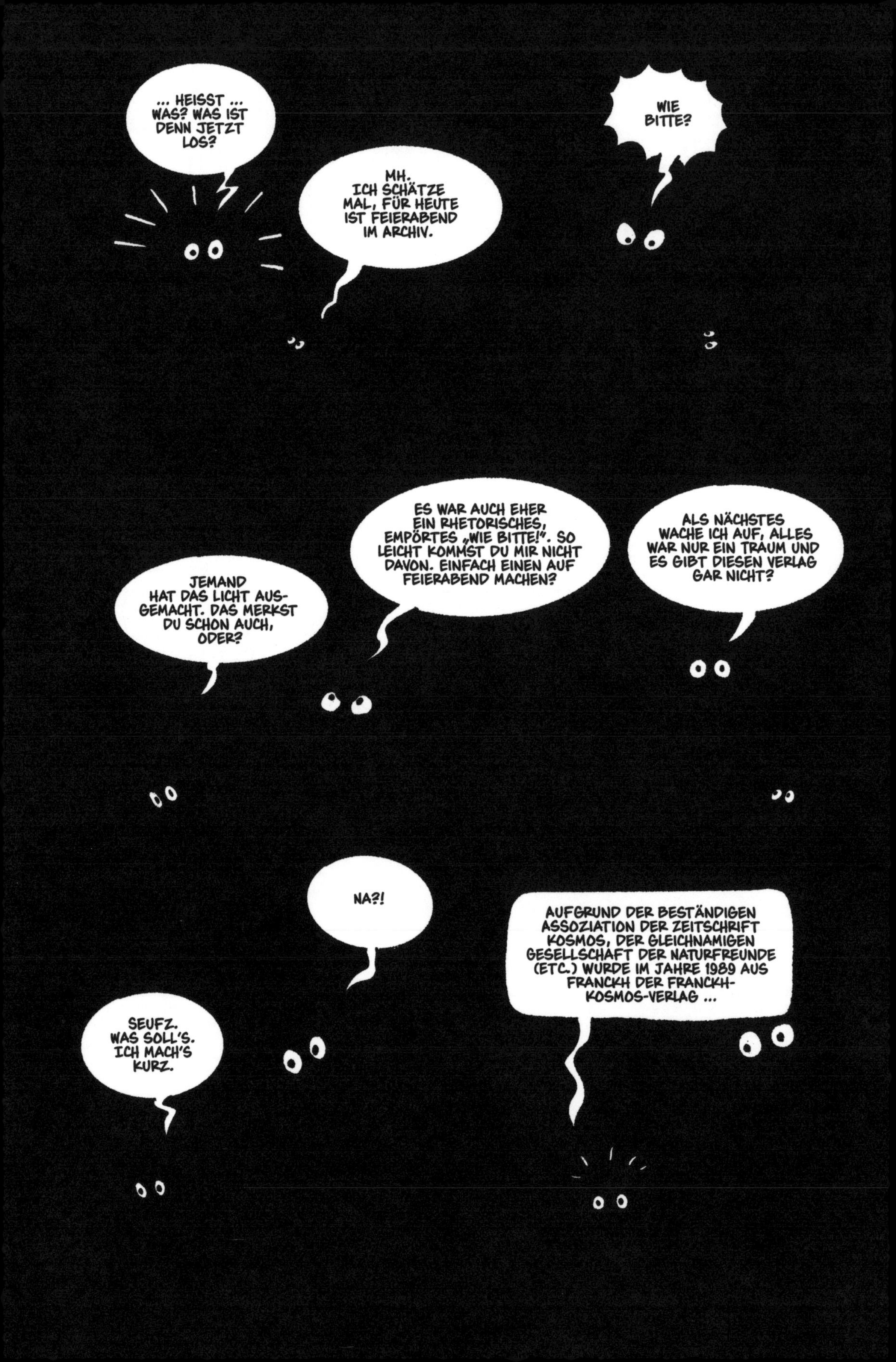
... HEISST ... WAS? WAS IST DENN JETZT LOS?
MH. ICH SCHÄTZE MAL, FÜR HEUTE IST FEIERABEND IM ARCHIV.
WIE BITTE?
JEMAND HAT DAS LICHT AUS-GEMACHT. DAS MERKST DU SCHON AUCH, ODER?
ES WAR AUCH EHER EIN RHETORISCHES, EMPÖRTES „WIE BITTE!“. SO LEICHT KOMMST DU MIR NICHT DAVON. EINFACH EINEN AUF FEIERABEND MACHEN?
ALS NÄCHSTES WACHE ICH AUF, ALLES WAR NUR EIN TRAUM UND ES GIBT DIESEN VERLAG GAR NICHT?
NA?!
SEUFZ. WAS SOLL'S. ICH MACH'S KURZ.
AUFGRUND DER BESTÄNDIGEN ASSOZIATION DER ZEITSCHRIFT KOSMOS, DER GLEICHNAMIGEN GESELLSCHAFT DER NATURFREUNDE (ETC.) WURDE IM JAHRE 1989 AUS FRANCKH DER FRANCKH-KOSMOS-VERLAG ...

... UND DARAUS DER EINFACHHEIT HALBER IM JAHRE 1997 DER VERLAG MIT DEM OMINÖSEN NAMEN KOSMOS.
NA, SIEHSTE. SCHON GEHT DIR EIN LICHT AUF.
MIR? NEIN, UNS ...
GUCK MAL, MAUS. DA MACHT DOCH JEMAND LICHT?
DU MEINST, DIESMAL SIEHST DU WAS, ABER HÖRST NICHTS?
GENAU! UND AUSSERDEM RIECH ICH WAS VERTRAUTES ... HUCH!
ACH ... ICH DACHTE SCHON, IHR SEID ... WAS HABT IHR BEIDEN DENN HIER VERLOREN?
DASSELBE KÖNNTEN WIR DICH FRAGEN. UND AUSSERDEM: WAS RIECHT HIER SO?
ACH DAS? IHR HABT SICHERLICH MEINEN KAKAO SPEZIAL IN DER NASE ...
KAKAO SPEZIAL? NA KLAR, DANN WEISS ICH'S.
ICH BIN KIM JÜLICH VON DEN DREI !!!.
DU BIST KIM JÜLICH VON DEN DREI AUSRUFE-ZEICHEN.
WIE? WAS? JA, RICHTIG ...
WIE? WAS? JA, RICHTIG ...
ICH GLAUB, ICH HÖR DOPPELT ???

BITTE NEHMT DOCH PLATZ. ETWAS GESELLSCHAFT IST GANZ ANGENEHM. ICH WARTE NÄMLICH EIGENTLICH AUF ...
HEY, KIM. NANU? WEN HABEN WIR DENN DA?
AH, FRANZI, DA BIST DU JA. DIE BEIDEN HIER HABEN SICH EBENFALLS IM ARCHIV EINSCHLIESSEN LASSEN.
NA JA, ALSO ...
SEID IHR AM SELBEN FALL WIE WIR DRAN?
PSSST! FRANZI!
ÄH ... ICH MEINE: HAT JEMAND BOCK AUF KIRSCHKUCHEN?
NA ENDLICH! WAS ZU FUTTERN!
HALT! STOPP!
CLEVER UND FRECH – SCHÖN UND GUT! ABER KIRSCHKUCHEN BACKT HIER NUR TANTE MATHILDA. IHR BRINGT DOCH DIE GANZE ORDNUNG DURCHEINANDER.
SORRY, DAS CASTING HAT MAL WIEDER LÄNGER GEDAUERT. ANYWAY, WAS IST DENN HIER LOS? MACHT IHR DEM CAFÉ LOMO KONKURRENZ?
DARF ICH VORSTELLEN: MARIE. DIE DRITTE IN UNSEREM DETEKTIVINNENBUNDE.
!!!

12. Dezember, 23:12 Uhr:

Dieses Tagebuch ist geheim! Wer weiterliest, wird ab jetzt jeden Morgen eine schimmlige Banane in seinem Frühstücksmüsli finden!

Heute saß ich mit einer richtig echten Maus (in Klamotten und mit Frisur, top gestylt, würde Marie sagen!!!) in einem Archiv und habe Kakao getrunken.

Zum Glück waren Franzi und Marie da, das würde mir ja sonst keiner glauben.

Da unten könnte man Ben und Lukas gut einschließen, wenn sie mal wieder meinen, sie müssten nerven. Außerdem war da noch ein Mädchen, das die ganze Zeit wissen wollte, warum das Haus, in dem wir waren, Kosmos heißt.

Sie scheint keine große Leuchte im Ermitteln zu sein.

Na ja, unser Detektivclub ist sowieso vollzählig. Sollen sie lieber bei den Jungsdetektiven mitmachen. Drei Jungs und ein Mädchen plus Tier, das wär doch mal was.

WELCHES TIER WÄRE WOHL 1 GUTER DETEKTIV?

Fragwürdige Kombination, sowieso.

Weil wir jeden Fall übernehmen, haben wir den beiden schließlich auf die Sprünge geholfen und bei einer nächtlichen Tour durch den verlassenen Verlag schließlich die Galerie der Verleger entdeckt.

1826 - 1845
1893 - 1946
1893 - 1945
1950 - 1987
1995 - 2011
SEIT 2011
MMMH. FÄLLT EUCH WAS AUF, KOLLEGINNEN?
JA, ALLES WERTE HERREN. WOHLVERDIENT SICHERLICH, ABER ... EBEN AUCH NUR JUNGS.
MMMH. VIELLEICHT SOLLTEN WIR EINEN EIGENEN VERLAG GRÜNDEN?
SOMSOK
???

GÄHN! SCHON GANZ SCHÖN SPÄT, ODER?!
CHIPS
MAN MERKT GAR NICHT, WIE DIE ZEIT VERFLIEGT …
DIE DREI FRAGEZEICHEN DIE
LIEBES GEHEIMES TAGEBUCH, HEUTE HATTE ICH KEKSE ZUM FRÜHSTÜCK UND WOLLTE GERADE MIT MEINEM KÄFER SPAZIEREN GEHEN, ALS ICH EINE ZIEMLICH SELTSAME MAUS TRAF …
HEUTE-GESTERN-VORGESTERN
„BESSERWISSERISCH UND PENETRANT GEHÖRT SIE EINDEUTIG DER GATTUNG SPITZFINDMAUS AN …"
HÖR MAL, IST JA SCHÖN, DASS DICH DIE INSPIRATION KÜSST. ABER EIN GEHEIMES TAGEBUCH IST ALLES ANDERE ALS GEHEIM, WENN DU DABEI LAUT VORLIEST, ODER?
HEUTE-GESTERN-VORGESTERN
HAST RECHT. GÄHN. MORGEN IST AUCH NOCH EIN TAG.
JETZT IST ABER GENUG …
UAAA
FORSCHEN WIR MORGEN GEMEINSAM WEITER?
AUF JEDEN!

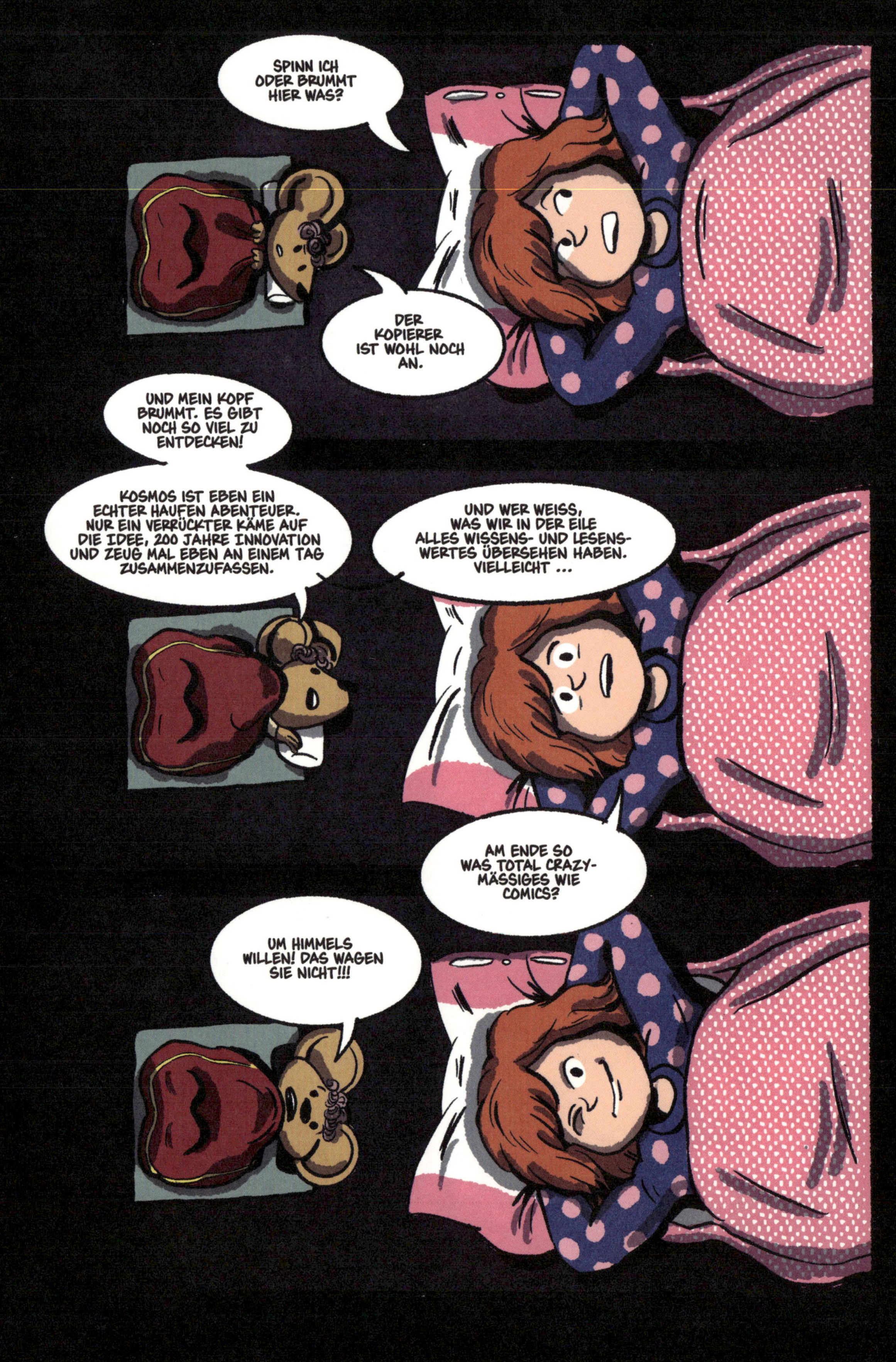
SPINN ICH ODER BRUMMT HIER WAS?
DER KOPIERER IST WOHL NOCH AN.
UND MEIN KOPF BRUMMT. ES GIBT NOCH SO VIEL ZU ENTDECKEN!
KOSMOS IST EBEN EIN ECHTER HAUFEN ABENTEUER. NUR EIN VERRÜCKTER KÄME AUF DIE IDEE, 200 JAHRE INNOVATION UND ZEUG MAL EBEN AN EINEM TAG ZUSAMMENZUFASSEN.
UND WER WEISS, WAS WIR IN DER EILE ALLES WISSENS- UND LESENSWERTES ÜBERSEHEN HABEN. VIELLEICHT ...
AM ENDE SO WAS TOTAL CRAZY-MÄSSIGES WIE COMICS?
UM HIMMELS WILLEN! DAS WAGEN SIE NICHT!!!

ACH DU SCHRECK! DA FÄLLT MIR EIN ...
WAS DENN?
WIE KOMMEN WIR MORGEN EIGENTLICH WIEDER HIER RAUS?!
VOR LAUTER BÜCHERN, SPIELEN UND EXPERIMENTEN IST DER AUSGANG IRGENDWIE FLÖTEN GEGANGEN ...
TJA, MEINE LIEBE, GLAUB'S ODER LASS ES BLEIBEN, AUCH DAFÜR HAT KOSMOS EINEN PLAN.
EXIT DAS SPIEL
ODER AUCH GLEICH MEHRERE ... HOPPLA.
EXIT DAS SPIEL Der verwunschene Wald KOSMOS
EXIT DAS SPIEL Die verlassene Hütte KOSMOS
EXIT DAS BUCH Der Keller der Geheimnisse KOSMOS
EXIT DAS SPIEL Der verschollene Tempel KOSMOS
EXIT DAS SPIEL ADVENTSKALENDER Die Jagd nach dem goldenen Buch – mit 24 spannenden Rätseln KOSMOS
NA, DANN WOLLEN WIR MAL SEHEN.
EXIT DAS SPIEL Der Uralte Verlag

STOP

ACHTUNG!

Dies ist die Unterseite des Kartenstapels. Dreht den ganzen Stapel jetzt um.

EXIT - Der uralte Verlag

Wer denkt sich denn so was aus?

Du bist zur Mittagszeit genau am richtigen Ort, im Pausenraum des Kosmos Verlags. Während du im Reis in deiner Alu-Assiette stocherst, bemerkst du ein aufgeregtes Gespräch am Nebentisch. Offenbar sitzen da Spieleredaktion und Abteilungsleiter beisammen. Einer redet besonders aufgeregt:
Du siehst genauer hin und erkennst den Mann von der Skizze, der der versammelten Runde von einem Zeitschriften-Artikel über Escape-Rooms berichtet.

3

GUT AUFGESPASST, ABER LEIDER WIEDER NUR BAHNHOF

Zwar konntest du durch das Belauschen der Redakteure die Rechenaufgabe von Karte K lösen und somit die Koordinaten des ersten Escape-Rooms der Welt decodieren (Budapest, logo!), aber leider wirft dies nur neue Fragen auf.

Diese findest du auf den Rätselkarten E und N

Sortiert diese Karte anschließend sofort wieder in den Stapel der Lösungs-Karten!

7

4. TIPP

Suche im Buch **200 Jahre Kosmos** nach der versteckten Glühbirne: Diese versinnbildlicht die Idee, aus einem Escape-Room ein Brettspiel zu machen.

Falte die Seite **dreimal** in der Mitte und lege den Streifen an die unsichtbaren Marker auf **Seite 17**.

So erfährst du den QR-Code, hinter dem sich die Telefonnummer von **Inka und Markus Brand** verbirgt.

Brand-Neu!!!

Du hast **Inka und Markus Brand** erreicht und arbeitest nun mit ihnen die Rätsel für die ersten drei **EXIT-Spiele** aus.

Kassiere in der Folge den Preis für das **Kennerspiel des Jahres**.

Bei der Preisverleihung kalkulierst du aus der Sitzplatznummer der Spiele-autor*innen und der Grammzahl der Spieleverpackung nun den Marktanteil, den **Kosmos** bald mit dieser Spielemarke erzielen wird.

12

X
99% Marktanteil wären natürlich traumhaft, aber 85% sind - seien wir ehrlich - auch schon verdammt viel.
Subtrahiere davon das Ergebnis aus 9 x 9 + 3 und du erfährst, welchen Platz Kosmos seit 2020 auf der Rangliste der Brettspiele im deutschsprachigen Spielemarkt einnimmt.
Sortiert diese Karte anschließend sofort wieder in den Stapel der Lösungs-Karten!
22
Hilfe-Karte
AUFLÖSUNG
AUFLÖSUNG
Die gefundene Zahl des vorherigen Rätsels entspricht der Seitenzahl, ab der du das 200-Jahre-Buch erneut liest.
Aber vorsicht:
Lass diesmal jedes dritte Wort aus. Der so neu entstandene Text ist ein vergessenes Gedicht eines Kosmos-Mitarbeiters.
Das Gedicht lässt du im Internet auf Finnisch übersetzen und von Finnisch auf Eriträisch.
Lerne Eriträisch und dann hast du den entscheidenen Hinweis auf den versteckten Kellergang, der dich vom Archiv direkt zum Schlossplatz bringt.
Lösungs-Karte
30
MEINST DU, DASS WIRKLICH JEMAND DIESES SCHÖNE BUCH AUSEINANDERSCHNIPPELT, NUR UM UNS DEN WEG NACH DRAUSSEN ZU BASTELN?
SCHLAF JETZT, MAUS! DARÜBER MACHEN WIR UNS IM NÄCHSTEN BAND SORGEN. MORGEN IST JA SCHLIESSLICH AUCH NOCH EIN TAG ...

UND WER WEISS, WAS SICH DIE VON KOSMOS DA SCHON WIEDER NEUES AUSDENKEN ...
KOSMOS
Belser
Lentz

HERR FRANCKH, AUF EIN WORT! 200 JAHRE!!! GRATULIERE. SIE ALS VERLAGSGRÜNDER, WAS SAGEN SIE NUN EIGENTLICH ZUM KOSMOS?
HMPF. ICH DACHTE, WIR HÄTTEN DEN ÖFFENTLICHEN TEIL JETZT HINTER UNS GEBRACHT? GENUG DER FRAGEN UND INFORMATIONEN. JETZT WIRD GEFEIERT.
PARTY
SECHSER PÄCKLE

DIE LESERINNEN UND LESER DIESES WERKES HABEN EIN ANRECHT AUF EINE ANTWORT!
WAS VERSTEHEN *SIE* UNTER KOSMOS?!
ICH MEINE, SCHLIESSLICH HABEN SIE JA VOR ZWEIHUNDERT-
WENN SIE, MEIN WISSBEGIERIGER FREUND, ALLEN ERNSTES FRAGEN, WAS ES MIT KOSMOS AUF SICH HAT …
PARTY
AUSSERDEM WURDE ÜBER MEINE WENIGKEIT HIER SCHON …
PARTY
… GENUG BERICHTET.
UNERHÖRT!
EIN VERLAG, DER SICH SO LANGE HÄLT, EINER GUTEN IDEE DIE TREUE HÄLT, DENNOCH MIT DER ZEIT GEHT UND SICH DABEI IMMER WIEDER NEU ERFINDET, DEN STAMPFT KEIN EINZELNER AUS DEM BODEN. KEIN FRANCKH, KEIN KELLER UND AUCH KEIN FLEI-
HOPPLA!

WERTE LESER UND LESERINNEN, HIER VERSCHÜTTET VERLAGSCHEF MICHAEL FLEISSNER HÖCHSTSELBST DEN SEKT.
ÄH ... WO WAR ICH? ACH JA: KEIN FLEISSNE-, VERZEIHUNG, FLEISSIGER MENSCH, UND SEI ER NOCH SO FLEISSIG, KANN DAS ALLEINE SCHAFFEN.
RICHTIG, MEIN BESTER! DARAUF GEHÖRT ANGESTOSSEN!
OHNE DIE IDEEN, DIE ENERGIE UND DIE ARBEIT DER MITARBEITENDEN JEDWEDER ABTEILUNG, DAS VERTRAUEN IN DIE KREATIVE SCHAFFENSKRAFT VON AUTORINNEN, AUTOREN UND ILLUSTRIERENDEN KÖNNTE KEIN VERLAG ALL DAS LEISTEN, WAS IN DIESEM BÜCHLEIN ABGEFEIERT WIRD.
ALSO, WENN DAS SO IST, DANN MÜSSTEN JA EIGENTLICH ALLE HIER IN DIE VERLEGERGALERIE VON SEITE 104 ...
IN DER TAT. SO EIN VERLAG LÄSST SICH AUCH NICHT ALLEINE LEITEN. UND DESWEGEN SOLL AN DIESER STELLE AUCH DAS SPITZENTEAM AN DER SPITZE GEWÜRDIGT WERDEN.
PSCHT. ER IST NOCH NICHT FERTIG.
EINE GUTE GELEGENHEIT, NOCH MAL INVESTIGATIV ZU WERDEN. VERZEIHUNG.
REC
AUF EIN WORT ...
DEN KOSMOS IN EINEM SATZ BESCHREIBEN? WELCH UNMÖGLICHES VERLANGEN!
DARF ICH IHNEN DAFÜR ABER UNSERE MISSION ÜBERREICHEN?
Wir machen Menschen stark.

WÖRTLICH ÜBERSETZT HEISST KOSMOS „SCHMUCK“.
UND GENAU DAS IST KOSMOS FÜR MICH: EIN ECHTES SCHMUCKSTÜCK!
ICH DENKE AN KREATIVE, LEBENDIGE UND MUNTERE MENSCHEN, DIE EINEN EBENSOLCHEN VERLAG AUSMACHEN. EINEN VERLAG, DER IMMER IN BEWEGUNG IST.
KOSMOS IST WIE EINE GROSSE SCHAUSPIELBÜHNE MIT INDIVIDUELLEN MENSCHEN UND KÜNSTLERN, DIE IMMER WIEDER IHR PUBLIKUM BEGEISTERN WOLLEN. DER GEMEINSAME APPLAUS FÜR UNSERE LEISTUNG SCHWEISST UNS ZUSAMMEN.
ABSCHLIESSEND BEDEUTET KOSMOS FÜR MICH FREUDE, VERANTWORTUNG UND EINE GESCHICHTE „... VON NICHT VERKLUNGENER WIRKUNG ...“, FÜR DIE ICH DANKBAR BIN.
HAT ER ABSCHLIESSEND GESAGT?
JA, LIES DOCH SELBST.
KOSMOS
NA DANN! PROST, KOSMOS!
FORTSETZUNG FOLGT...

EIN PAAR WORTE HINTERHER

Der Kosmos von Anfang bis heute. Für Vollständigkeit übernimmt keine Maus die Haftung, das muss Ihnen klar sein. 200 Jahre Ideen, Einfälle, Impulse, Eingebungen, Pläne, Inspirationen, Erkenntnisse et cetera. Da kann man schon mal ins Schwitzen geraten, finden Sie nicht? Es möge also verziehen sein, dass wir nicht die Namen sämtlicher Menschen und Mäuse nennen können, die seit Jahr und Tag Geistesblitze gezündet, Konzepte weitergesponnen, Texte gezaubert, Farbstifte geschwungen, in Schreibmaschinentasten gehauen, Papiere und den richtigen Lötzinn ausgesucht, Monster probegehäkelt, Figuren und Spiele ersonnen und testgespielt, Drähte gewunden und Zahlen addiert, Depeschen, Faxe und Ersatzteile versandt und sonstige Abenteuer inner- und außerhalb der Kosmos-Wände erlebt haben. Versichert sei an dieser Stelle, dass wir beim Durchwühlen des Verlagsarchivs und der Gehirne diverser Mitarbeitender praktisch sekündlich unseren imaginären Hut vor all den fabelhaften Ideen, Geschichten, Illustrationen und Fotografien, Büchern und anderen Schriften, Brettern und Kästen und Globen, beleuchtet und unbeleuchtet, gezogen haben.
Wir sagen: Kosmos – it works!

CHRISTOPHER TAUBER & ANJA HERRE

Nach der Lektüre dieses Buches ist Ihnen nach noch mehr Überblick? Kriegen Sie, ganz ohne Rätselaufgabe. Zu finden ist der Zeitstrahl mit den wichtigsten Ereignissen der Verlagshistorie auf folgender Website: kosmos.de/200Jahre

VERLAGSWELT UND VERLAGSGESCHICHTE — NEU ERLEBEN!

200 JAHRE KOSMOS

Vorläufige Abbildung

248 Seite, ca. €(D) 20,00
ISBN: 978-3-440-17561-3

► **200 Jahre Verlagsgeschichte im Spiegel der Zeit**

Von Wilhelm Hauff über Sherlock Holmes zu Was blüht denn da? über die Experimentierkästen und Die drei ??? zu CATAN und EXIT – die bewegte Verlagsgeschichte mit allen Höhen und Tiefen.
Ein spannender Blick hinter die Kulissen und die Erfolgsfaktoren einer starken Verlagsmarke im Wandel der Zeit.

Alter: ab 8 Jahren, SpielerInnen: 2–4
Art.-Nr. 682378

► **Das beliebte Bau- und Planungsspiel jetzt in einer besonderen Verlagsausgabe**

Mit Karten und Würfeln einen eigenen Verlag gründen! Redaktion, Marketing, Vertrieb: Wo sollen die Spielerinnen und Spieler bei diesem schnellen Aufbauspiel beginnen? Welche Projekte verfolgen die anderen? Zum 200. Jubiläum von Kosmos gibt es das beliebte Aufbauspiel in einer besonderen Edition.
Das Bestseller Kartenspiel aus Japan ist ein tolles Gesellschaftsspiel ab 8 Jahren und ein besonderes Geschenk!

IMPRESSUM

Konzept & Script: Christopher Tauber & Anja Herre
Illustration: Christopher Tauber
Lettering & Satz: Stefan Dinter

Unser gesamtes lieferbares Programm und viele weitere Informationen zu unseren Büchern, Spielen, Experimentierkästen, Autorinnen und Autoren sowie Aktivitäten finden Sie unter kosmos.de

Gedruckt auf chlorfrei gebleichtem Papier

FSC
www.fsc.org
MIX
Papier aus verantwortungsvollen Quellen
FSC® C084279

ISBN: 978-3-440-17437-1

Projektleitung: Silke Ruoff
Lektorat: Anja Herre
Produktion: Verena Schmynec

Druck und Bindung: Print Consult GmbH, München
Printed in Hungary / Imprimé en Hongrie